Siegfried Stein

Gemüse aus Großmutters Garten

BLV Garten- und Blumenpraxis

BLV

CIP-Titelaufnahme der Deutschen Bibliothek

Stein, Siegfried:
Gemüse aus Großmutters Garten / Siegfried Stein. –
München; Wien; Zürich; BLV 1989
  (BLV Garten- und Blumenpraxis; 352)
  ISBN 3-405-13677-6
NE: GT

BLV Verlagsgesellschaft mbH
München Wien Zürich
8000 München 40

BLV Garten- und Blumenpraxis 352

© 1989 BLV Verlagsgesellschaft mbH, München

Gesamtherstellung: R. Oldenbourg, München

Printed in Germany · ISBN 3-405-13677-6

Inhalt

Die Geschichte des Gemüse-Anbaus

Pflanzen und deren Samen, Früchte oder Teile gehörten schon von jeher zu den bevorzugten Tauschobjekten, Mitbringseln und auch Kriegsbeuten der Menschheit. Die Neugier, die uns auch heute noch plagt und die Entdeckerfreude sorgten dafür, daß Kenntnisse aus allen Teilen der Welt zu uns gelangten und zu dem Wissensstand führten, der uns heute geläufig ist.

Rückblickend fällt dabei auf, daß auf Zeiten der Hochblüte des Acker- und Gartenbaus immer wieder solche folgten, in denen durch Krieg, Not und wirtschaftliche Umschichtungen Kenntnisse verloren gingen. Und wenn wir glauben, heute einen Höchststand in der Gartenkultur erreicht zu haben, ist dies weit gefehlt. Das mag zwar für technische Hilfsmittel, für Wohn- und Lebensqualität gelten. Großmutters und Großvaters Pflanzenkenntnisse waren jedoch umfangreicher und intensiver. Dies gilt zumindest dann, wenn sie sich für dieses Sachgebiet interessierten. Samenhandlungen, die etwas auf sich halten, sind heute stolz, um die 1000 Sorten und Arten von Blumen und 300–400 verschiedene Herkünfte von Gemüse anbieten zu können. Mitte und Ende des 19. Jahrhunderts erreichten namhafte Firmen leicht das Doppelte! Wie auf vielen Gebieten, geht auch im Gartenbau der Arten- und Sortenreichtum zurück, trotz aller Bemühungen gegenläufiger Art. Dieses Buch soll dazu beitragen, Pflanzen und Kulturmethoden festzuhalten, die unseren Großeltern durchaus geläufig waren, jetzt aber Gefahr laufen, verlorenzugehen. Zwangsläufig mußte dabei eine gewisse Auswahl getroffen werden. So wurde auf Getreide und landwirtschaftliche Pflanzen verzichtet, auf Faser- und Färbepflanzen und auf Gemüsearten, von denen Saatgut nicht mehr greifbar ist. Andererseits sind Gemüse erwähnt, die sich zwar im deutschsprachigen Raum insgesamt stark auf dem Rückzug befinden, in ihrem Kernverbreitungsgebiet jedoch noch als allgemein gebräuchlich empfunden werden. Für einige von ihnen kündigt sich das baldige Verschwinden bereits an.

Siegfried Stein

Von den alten Griechen zu unseren Großmüttern

Bei Ausgrabungen und bei der Analyse von Grabfunden stoßen die Fachleute auch auf Früchte und Samen von Kulturpflanzen, die Rückschlüsse auf Verzehrgewohnheiten und Anbau zulassen. Linse und Erbse zählen zu den ältesten Nahrungspflanzen. Man fand sie in den Überresten von Dörfern aus der Zeit um 4500 v. Chr. Etwa 4000 v. Chr. waren Kohl und damit verwandte Rübenarten aus der *Brassica*-Familie sowie Möhren, Pastinaken und Feldsalat bekannt, ferner Kümmel, Petersilie und Reseda als Duft- und Färbepflanze. Um 1800 v. Chr.

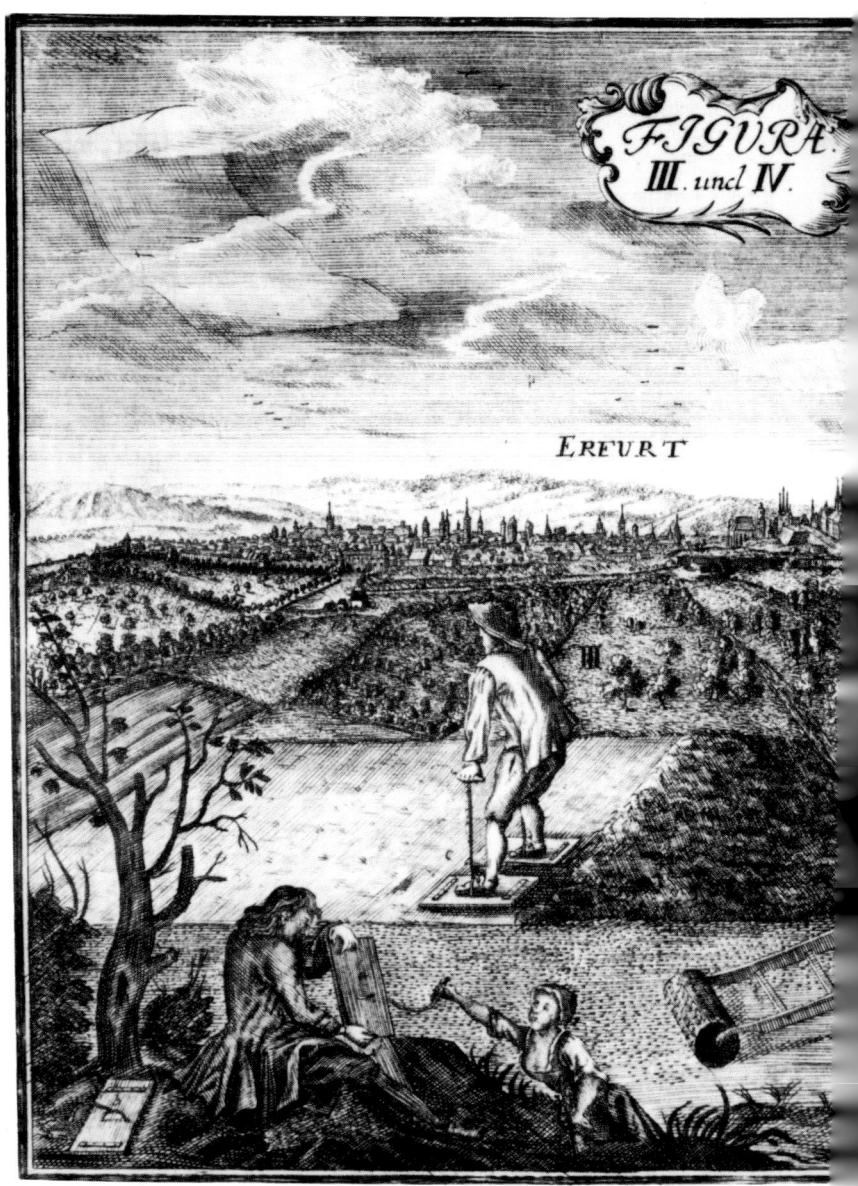

taucht die Sau- oder Pferdebohne auf, nahe verwandt mit der Ackerbohne *Vicia faba*.

Der Speisezettel unserer Vorfahren, der Germanen, muß eintönig gewesen sein. Man ernährte sich von wildwachsenden Beeren, Rüben, Wurzeln und Früchten, die die Natur hergab, später auch von Erbsen und Ackerbohnen. Einige Arten wurden in Kultur genommen. Insgesamt herrschte jedoch unter den kriegerischen Stämmen des Nordens und Ostens ein solch niedriger Wissensstand, daß das Kulturvolk der Römer nur abfällig von »Barbaren« sprach. In der Tat sind es vorwiegend griechische und römische Erkenntnisse der Botanik, des Akker- und Pflanzenbaus und auch der Heilkunde, die uns durch Schriften übermittelt wurden und über Jahrhunderte hinweg Einfluß ausübten. Mit dem Zusammenbruch des römischen Reiches gingen viele Erkenntnisse und Praktiken dieser Hochkultur zugrunde und mußten von späteren Generationen erst mühsam wieder neu erarbeitet werden.

In einer Aufzählung des Theophastus von Erisos (371–285 v. Chr.), einem Schüler des Aristoteles, finden sich Hinweise auf die damals in Griechenland bekannten Gemüse- und Kräuterarten. Unter dem Kapitel »Küchenpflanzen« werden genannt: Retticharten, Runkelrübe, Salate, Kohlarten, Lauch, Sellerie, Steck- und Winterzwiebeln, Garten-

Geschichte

melde, Melonensorten, Gurkensorten, Augenbohne, Knoblauchsorten, Kreuzkümmel, Portulak, Senf, Koriander, Dill und Kresse. In römischen Quellen finden sich Hinweise auf Artischocken, Gurken, Kürbis, Kapern, Kohlrüben, Runkelrüben, Kohl, Pastinaken, Schlafmohn, Knoblauch, Zwiebeln, Porree, Spargel, Radieschen, Rettich, Dill, Kresse, Koriander, Kerbel, Pastinaken (Lucius Junius Moderatus Columnella, 1. Jahrhundert n. Chr.). Aus dem 4.–5. Jahrhundert n. Chr. sind durch Rutilius Taurus Immilianus Paladius damals weit verbreitete Ackerbauschriften erhalten. Diese und weitere alte Quellen, zum Teil auch aus dem damals kulturell sehr hoch stehenden arabischen Sprachraum, wurden in Klöstern gesammelt, bisweilen auch übersetzt und neu zusammengestellt, z. B. durch den Fuldaer Abt und späteren Erzbischof von Mainz Rhabanus Maurus (um 760–865 n. Chr.). Dem folgte die Überprüfung überlieferter Ackerbaumethoden in den Klostergärten, den damaligen Zentren der Kultur.

Es ist das Verdienst Karls des Großen, daß er über das Gesetzeswerk »Capitulare de Vilis« (Verordnung über die Kronengüter und Reichshöfe), die bislang an wenigen Stellen gesammelten Kenntnisse des Pflanzenbaus zum Allgemeingut und zur Vorschrift in den staatseigenen Gütern seines Riesenreiches machte (792–ca. 800). Aus dem schweizerischen Kloster St. Gallen ist ein mittelalterlicher Gartenplan überliefert, dessen Zuordnung und Gestalt kennzeichnend ist für die Anlage von Kloster-, Fürsten- und Bauerngärten bis in die heutige Zeit hinein. Die dazu gehörige Pflanzenliste umfaßt Küchenzwiebel, Lauch, Sellerie, Koriander, Dill, Schlafmohn, Rettich, Mangold (Rote Bete) auf der südlichen Beetreihe. Auf der nördlichen Beetreihe Knoblauch, Schalotte, Petersilie, Gartenkerbel, Lattich (Salat), Bohnenkraut, Pastinaken, Kohl und Schwarzkümmel. Im Gewürzgarten befinden sich neben den beiden Blumen Weiße Lilie (Madonnenlilie) und Rose: Augenbohne, Bohnenkraut, Frauenminze, Bockshornklee, Rosmarin, Minze, Salbei, Weinraute, Schwertlilie, Poleiminze, Gartenkresse, Kreuzkümmel, Liebstöckel und Fenchel.

Benediktinerklöster übernahmen in der Folgezeit eine führende Rolle in der Weiterentwicklung gärtnerischer Kultur. Sie erstreckte sich in großem Umfang auch auf den medizinischen Bereich, gab es doch keinerlei Hilfsmittel aus dem Bereich der Chemie, die uns heute so selbstverständlich geworden sind. Krankheiten mußten mit den Mitteln der Natur geheilt werden und insofern hatte die Kultur, das Sammeln, das Aufbereiten und auch die Samenherstellung von Heil- und Gewürzkräutern eine enorme Bedeutung, auch wirtschaftlicher Art. Bei-

Die streng geometrische Aufteilung der Beete geht auf den St. Galler Klostergarten zurück.

spielsweise beschreibt Hildegard von Bingen (1098–1179) einen solchen mittelalterlichen Heilkräutergarten und nennt u. a. Stichwurz, Zaunrübe, Bibrutz, Beifuß, Üsena, Eisenkraut, Beonia (Pfingstrose), Pendula (Ringelblume), Surga (Melisse) und andere. Gartenbücher dieser Zeit greifen immer noch auf die Kenntnisse der Antike zurück. Eigene Erfahrungen sind erst bei Albertus Magnus (1193–1280) zu finden. Dieses Verzeichnis läßt erkennen, daß im 13. Jahrhundert noch nicht viel mehr Pflanzen bekannt waren als 400 Jahre zuvor, nämlich Kohl, Porree, Knoblauch, Kohlrübe, Radix, Rettich, Apium, Sellerie, Petersilie, Lattich-Salat, Gartenkresse, Dill, Fenchel, Minze, Pastinake, Gartenmelde, Schwarzer Senf, Flaschenkürbis *(Cucurbita lagenaria)*, Cucumer Gurke *(Cucumis sativus)*, Pepo-Melone, Gartensalbei, Ysop, Weinraute.

Um 1500 dringt die Kenntnis von Pflanzen aus anderen Kulturbereichen nach Europa vor. Es ist die Zeit der Entdeckerreisen, die nun beginnt, mit Magellan, Christoph Kolumbus und deren zahlreichen Nachfolgern. Zu den Schätzen aus den überseeischen Eroberungen gehören nicht nur Gold und Silber, sondern vor allem auch Kulturpflanzen, Blumen, Ziersträucher und Bäume aus Asien, Afrika und vor allem aus Mittel-, Süd- und Nordame-

Geschichte

rika. Damit wird eine grundlegende Änderung und eine Bereicherung in den Gärten eingeleitet, die sich bis in die heutige Zeit auswirkt und noch keineswegs beendet ist. Mehr davon im Kapitel »Wie die Gemüse zu uns fanden«.

Adlige und wohlhabende Bürger begannen, im 16. Jahrhundert mit der Sammlung von interessanten Kräutern und Blütenpflanzen zu wetteifern. Eine Reihe von botanischen Gärten entstand auf Veranlassung von Kaisern, Königen und Fürsten. Unserem heutigen Pflanzenverständnis entsprachen diese Gärten jedoch in den seltensten Fällen.

Die Vorstellung liegt nahe, daß es sich bei den Gärten der Reichen in der Renaissancezeit und im Barock eher um prächtig ausgestattete, sorgfältig gepflegte, mit allerhand Absonderlichkeiten angereicherte, mehr oder weniger dem Volk zugängliche Vergnügungsparks handelte, ähnlich Tivoli und Disney-Land, die bekanntlich ebenfalls über attraktive gärtnerische Anlagen verfügen.

Die Gärten und Gärtnereien des Landadels und des wohlhabenden Bürgertums dagegen unterlagen durchaus auch praktischen Gesichtspunkten. Zur Ernährung wurden Jungpflanzen von Gemüsen und Kräutern gebraucht. Die Blumenabteilung, wenn sie vorhanden war, lieferte Töpfe und Schnittblumensträuße für festliche Anlässe, für Dekorationen und für die Kirche.

Gewürzkräuter wurden für die Küche benötigt, wenngleich die Vielfalt der verwendeten Kräuter sicherlich nicht den Umfang erreichte, den man sich gemeinhin heute vorstellt. Haushaltsbücher weisen nach, daß selbst zur Kaiser-Zeit, also in der Hochblüte des Deutschen Reiches nach einer langen Friedenszeit, mit regional bekannten und gedeihenden Kräutern gekocht wurde, also mit 6–10 gängigen Arten, selten mehr. Infolge schlechter Verkehrsverbindungen fanden fremde Einflüsse nur langsam und von der Oberschicht herkommend Einfluß, so z. B. Gerichte der »feinen« französischen Küche. Diese wurden zwar in renommierten Kochbüchern ausführlich behandelt und von den angestellten Köchen beherrscht, die Speisen des Bürgertums und des einfachen Volkes muß man sich jedoch recht bodenständig vorstellen. So wurden z. B. in einem großbürgerlichen Hamburger Haushalt der Jahrhundertwende folgende Kräuter verwendet: Dill, Kerbel, Boretsch, Majoran, Sauerampfer, Petersilie (Mooskrause und Wurzelpetersilie), Bohnenkraut, Senf, Schnittlauch.

Abbildungen und Literatur weisen aus, daß die schon von Karl dem Großen vorgegebenen Anordnungen der Beete und deren Gestalt beibehalten wurden. Sie sind es bis heute geblieben. Rechteckige Beete sind geometrisch angeordnet und über die Wege hinaus erhöht.

Das Hochbeet ist durchaus keine Erfindung unserer Tage, sondern eine uralte Weisheit der Gärtner und hat praktische Gründe: Aus erhöhten Beeten läuft Regenwasser besser ab. Schwerer Boden wird dadurch lockerer, luftiger und wärmer, was dem Pflanzenwachstum allgemein förderlich ist. Außerdem lassen sich gradlinig abgeteilte Beete besser pflegen und sauber halten, was dem damals besonders ausgeprägten Ordnungssinn und dem Zwang zur vorbeugenden Schädlingsbekämpfung entsprach. Meist wurden zur Abtrennung Bretter benutzt, in aufwendigeren Anlagen

Im Hochbeet ist die Erde wärmer. Die Pflanzen profitieren davon.

Die Beete werden mit Buchsbaum oder Rosmarin ordentlich eingefaßt.

Angaben über die Keimdauer verschiedener Samenarten. (Aus CHRISTIAN REICHARDTS: Saamen-Werk, 1751)

auch Buchsbaum und im Weinbauklima auch Rosmarin.

Bürger mit höherem Bildungsstand legten sehr viel Wert auf gutes Obst. Da dieses selten und begehrt war, auch allerhand Aufwand erforderte, legten die Besitzer großen Wert auf eine ordentliche Einzäunung, die dem Diebstahl entgegenwirken und mitunter so hoch sein sollte, daß man von außen den Zustand der Obstplantage nicht erkennen konnte.

Hochkonjunktur hatte dem entsprechend das Veredeln von Obst. Eine Tätigkeit, die viele spezielle Kenntnisse erfordert und infolgedessen mancherorts amtlich bestallten Berufsgärtnern vorbehalten war.

Das Gemüse war dagegen zwar zur Ernährung wichtig, aber vom Interesse her fast nebensächlich. Kohl der verschiedenen Nutzungsarten spielte eine große Rolle. Ausländer spotteten über den enormen Umfang des Kohlanbaus in Deutschland. Beleg hierfür ist der Spitzname »Krauts« für Deutsche in den USA, der sicherlich den Einwanderern nicht von ungefähr zugesprochen wurde. In der Tat weist eine Erhebung aus dem Jahre 1878 nach, daß nicht weniger als zwei Drittel des deutschen Gemüsebaues den Kohlarten zuzuordnen war, insbesondere dem Weißkohl. Daneben waren Rüben von Bedeutung, insbesondere Rote Rüben, Weiße Rüben, Steckrüben, Mai- und Herbstrüben. Interessanterweise

Die Topf-Rebenkultur ist heute wieder gefragt. Im 18. und 19. Jahrhundert beschäftigten sich die »Kunst- und Lustgärtner« der Adelshäuser mit aufwendigen Kulturen in Töpfen und Kübeln. Orangen, Zitronen, Apfelsinen, Feigen und Pfirsiche überwinterten in Orangerien. Auch mit Äpfeln, Birnen, Sauerkirschen, Pflaumen, Mirabellen und Aprikosen sammelte man gute Erfahrungen. (Aus Dr. E. LUCAS: Handbuch der Obstkultur, 1911, Verlag Eugen Ulmer)

nimmt die Bedeutung des Gemüsebaues erst mit der Einführung der Kartoffel einen größeren Umfang an. Anstöße zur Weiterentwicklung kamen vor allem aus Italien mit seiner hochentwickelten Eßkultur. Deren Einflüsse sind in der französischen Küche und in heutiger Zeit via Amerika vielfach über Umwege in unsere Gärten vorgedrungen. Kopfsalat-Arten, Eissalat, Pflücksalate, Zichorien, Blumenkohl und Spargel sind ein Beispiel dafür. Die Ernährungsgewohnheiten änderten sich, und als Beilage zur Kartoffel gewann Gemüse allmählich an Bedeutung. In den reichen Familien war man experimentierfreudig. Die Palette der Gemüse konnte auch eine große

Zahl hier kaum bekannter Arten und Sorten enthalten, so daß sich, auf diesem Kundenkreis fußend, im 19. und anfangs des 20. Jahrhunderts Versandgärtnereien etablieren konnten mit einer Reichhaltigkeit des Angebotes, das heutige Ansprüche übertrifft. Der erste Weltkrieg, die Inflation und die nachfolgende Verarmung ließen diesen Kundenkreis hinwegschwinden, die Sortimente wurden kleiner, die spezialisierten Gärtnereien gingen ein, so daß sich die Gartenliebhaberei des 19. Jahrhunderts am ehesten noch in England erhielt. Der Samenkatalog der Firma Thompson & Morgan in Ipswich mit seinen weit über 5000 Pflanzenspezialitäten gibt

Geschichte

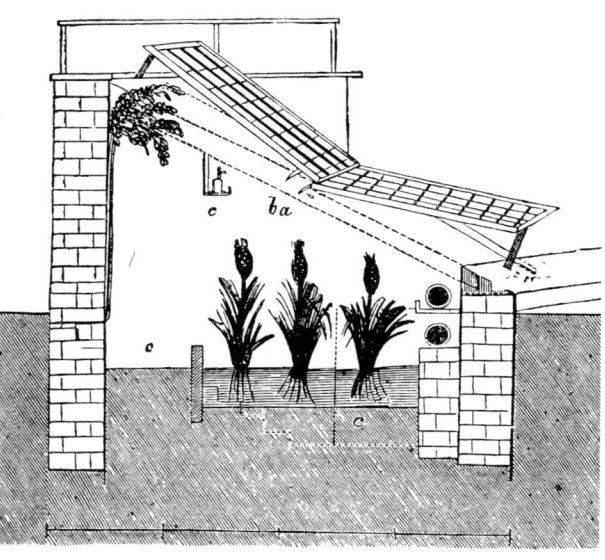

Die Ananas wurde als Spitzenprodukt der Gärtnerkunst in Gewächshäusern kultiviert. Durch Kindel (an der Basis der Pflanze entspringende Seitensprosse) gelangte man zu Jungpflanzen, die im Herbst noch bewurzelten und in Mistbeetkästen frostfrei überwinterten. Der 1. Sommer diente dem Pflanzenwachstum. Danach wurden die in Misterde und Moos getopften Ananas in Gewächshäuser gebracht und bei 25–30 °C gehalten. Frühestens im 2., meistens aber erst im 3. Sommer erschienen die Blütenstände (Früchte) mit den typischen Blattschöpfen.
Aus JÄGERS Gartenbuch, Leipzig 1868.

heute noch einen Eindruck davon, wie der Liebhaber-Gartenbau zu Großmutters Zeiten in begüterten und interessierten Familien ausgesehen haben mag. Zitat aus einem Buch von 1868: »In den Gemüsegärten für reiche Familien kommt der Kostenpunkt meist nicht in Berücksichtigung, will man gewisse Gemüse nicht entbehren und zieht sie allerdings teurer als man sie von auswärts kommen lassen könnte. Wo kein Geld gespart wird, kann von dem Gärtner allerdings jedes Gemüse verlangt werden. Für bürgerliche Familien entscheidet die Anzahl der Verzehrenden, zuweilen die Liebhaberei des Hausherrn. Zum Anbau der für die Küche täglich nötigen Kleinigkeiten hat man leicht an einer Quadratrute (= ca. 9 m²) Boden genug. Hat man ein größeres Stück Land zur Verfügung, so ist Raum für ein Beetchen Karotten, Radieschen und Rettiche, für ein Beet Kopfsalat, damit sich die Hausfrau bei mangelhaftem Küchenzettel aus der Verlegenheit helfen kann. Noch einige Beete mehr geben Gelegenheit zu etwas Spargel oder zu Erdbeeren. Wenn man nicht vorzieht, die Rabatten mit Blumen und Zwergobst zu bepflanzen, steht noch mehr Land zur Verfügung. So baut man die Lieblingsgerichte der Familienhäupter oder solche, die man nicht zu kaufen bekommen kann. Endlich zieht man im Gemüsegarten gelegentlich auch Arzneipflanzen.«

16

Wie die Gemüse zu uns kamen

Auch die heute gängigen Gemüsearten, wie z.B. Möhren, Salate, Spinat, die jedermann kennt, haben
meist eine bis weit in die Vergan-
genheit reichende Geschichte. Natürlich waren die Sorten, die unsere
Großmütter anbauten, zum größten
Teil andere als heute.

Im folgenden Kapitel werden nun –
beispielhaft für einige wichtige Arten – Einblicke in den Werdegang
der »modernen« Gemüse gegeben.

Gemüse aus der »Alten Welt«

Bereits im Neolithikum finden sich
die ersten Spuren der Möhre *(Dau-
cus carota)*, vermutlich waren es
nur geringfügig verbesserte Formen
der Wildmöhre. Unsere heute züchterisch so weit entwickelten Formen
entstanden erst ziemlich spät, nämlich innerhalb der letzten 300 Jahre,
wobei auch Formen mit weißen,
reingelben und violetten Rüben eine
große Bedeutung hatten. Während
weiße Formen praktisch nicht mehr
auf dem Markt sind, werden die
reingelben noch für Speisezwecke
gehandelt – in der Schweiz unter
der Bezeichnung 'Pfälzer', für Fut-
terzwecke in Deutschland unter der

Bezeichnung 'Lobbericher'. Antho-
cyanhaltige, violette Formen sind
wegen der nicht mehr gefragten
Farbe nahezu völlig vom Markt verschwunden.

Salat *(Lactuca sativa)* zählt auch zu
den alten Kulturpflanzen, die bereits
in Rom in großem Umfange verzehrt
wurden. Einige Wildarten sind auch
in Deutschland heimisch und wurden z.B. zur Einkreuzung der Virus-
resistenz in moderne Züchtungen
benutzt. *Lactuca* neigt zu Mutationen und Formenbildungen, woraus
sich im Laufe der Zeit die kopfbil-
denden Arten wie Kopfsalat, Eissalat, Batavia herausbildeten und
daneben die nicht oder kaum kopf-
bildenden Formen der Schnitt- und
Pflücksalate. Eine Besonderheit ist
der Spargelsalat mit festeren sukku-
lenten Stielen, die auch gekocht genossen wurden. Solche Formen
sind in Asien, in Mitteleuropa und
Südeuropa entstanden (z.B. 'Cel-
tuce', Romana-Salat, Kochsalate,
'Kasseler Strünkchen').

Um 1800 ist die Zahl der kultivierten
Salatsorten bereits sehr groß, weil
der Genuß nicht nur frisch, sondern
auch gekocht oder in Suppen im

Geschichte

	100 K.	1 Kilo		20 Gr.	
Carotten oder Mohrrüben.	ℳ	ℳ	₰	ℳ	₰
a) Speise-Mohrrüben.					
Pariser Markt, allerfrüheste Treib, extra schön	220	2	40	—	15
Früheste kürzeste rothe Pariser Treib-Carotten	190	2	20	—	15
„ „ rothe holländische Mistbeet-Carotte	170	1	90	—	15
Douwicker, frühe feine rothe Treib-	170	1	90	—	15
„ „ „ „ „ abgeriebener Same	260	2	80	—	15
Abgestumpfte frühe kurze von Nantes	160	1	80	—	15
„ „ „ „ „ abgerieb. Same	220	2	40	—	20
„ hellrothe kurze Steenballer	180	2	—	—	15
Carentan, halblange scharlachrothe Treib-	180	2	—	—	15
Frühe kurze rothe Horn'sche	160	1	80	—	15
Halblange feine rothe süße Frankfurter	160	1	80	—	15
Intermediate scarlet, halblange scharlachrothe	160	1	80	—	15
Bardowieker, halblange frühe feine rothe	180	2	—	—	15
Halblange feine rothe Braunschweiger	160	1	80	—	15
Lange feine rothe Braunschweiger, extra	130	1	50	—	15
Feine lange rothe Horn'sche	150	1	80	—	15
Süße lange rothe Altringham	160	1	80	—	15
„ „ „ verbesserte grünköpfige Altringham .	180	2	—	—	15
Walzenförmige lange rothe Rendsburger	180	2	—	—	15
Sehr feine lange rothe	130	1	50	—	10

Auszug aus dem Samenangebot der Firma Samuel Lorenz Ziemann-Sperling, 1890.

Vordergrund steht. Neben den grünen waren auch braune und rote Salate frühzeitig bekannt.

Erbsen *(Pisum sativum)* sind mit die ältesten Kulturpflanzen der Menschheit. Sie stammen aus Kleinasien und fanden über den Mittelmeerraum auch nördlich der Alpen Eingang. Vermutlich wurden besonders die ausgereiften Samen als Nahrungsmittel für den Winter benötigt. Wahrscheinlich ist auch die Verwendung als zartes junges Gemüse, jedoch gibt es dafür keine Belege.

Endivien kennt man im deutschsprachigen Raum seit ca. 1660. 1768 findet sich im Gartenbuch von Reichard eine Beschreibung von drei Winterendiviensorten, einer krausen und zwei glattblättrigen. Ihm waren auch schon die Bleichmöglichkeiten bekannt. Man band die Blätter zusammen, entzog ihnen so das Blattgrün und machte sie im Geschmack milder. Außerdem wußte man die Pflanzen so im Einschlag zu halten, daß die Küche den ganzen Winter über von ihnen profitieren konnte.

Historischer Bauerngarten (Freilichtmuseum Detmold)

Geschichte

Die Zichorienarten, aus denen in letzter Zeit Zuckerhut, Radicchio und Blatt- und Schnittzichorie immer stärker an Beliebtheit gewinnen, zählen zu den wahrscheinlich schon seit römischer Zeit im Mittelmeerraum genutzten Gemüsen. Einige Arten nutzte man zu Heilzwecken und die Wurzeln lieferten bis in die jetzige Zeit hinein den sogenannten »Muckefuck« – Ersatzkaffee. Der Treibchicoree und die dazu gehörende Kulturmethode sind belgischen Ursprungs und bis in die letzten Jahre eine Spezialität der belgischen Gärtner geblieben.

Der Feldsalat *(Valerianella locusta)* ist als Wildgemüse schon sehr lange bekannt, aber erst ab dem 18. Jahrhundert sind Belege dafür vorhanden, daß er auch regelrecht kultiviert wurde.

Spinat ist orientalischen Ursprungs. Über die Araber gelangte er nach Spanien und von dort ins restliche Europa. Schon frühzeitig kannten die hiesigen Gärtner zwei Formen, den rundsamigen mit dicken runden Blättern und trägem Schoßverhalten für den Frühjahrs- und Sommeranbau und den schnellwüchsigen, scharfsamigen mit dreieckigen bis pfeilförmigen Blättern, der sich eher für die Herbst-, Winter- und zeitige Frühjahrskultur eignet. Mit den Züchtungsarbeiten beschäftigte sich vor allem die französische Firma Vilmorin, und französische Gärtner waren es auch, die die ersten langsam schießenden Sorten

hervorbrachten. Der Spinat verdrängte in der Folgezeit die bis dahin üblichen Gemüse Amaranth (Fuchsschwanz), Melde und Blattmangold.

Rettich und Radies *(Raphanus sativus)* haben unterschiedliche genetische Wurzeln. Der Rettich ist eine mehrere 1000 Jahre alte Kulturpflanze, die sich aus *Raphanus maritimus* entwickelte. Frühzeitig bekannt waren weiße und schwarze Rettiche, die durch ihren hohen Trockensubstanzgehalt und die gesundheitsfördernden Senföle zur Einlagerung und zur Bekämpfung von Erkältungskrankheiten benutzt wurden.

Das Radieschen dagegen ist bedeutend jünger und vermutlich aus *Raphanus landra* in Italien entstanden und über Holland nach Deutschland eingeführt worden. 1768 kannte Reichard drei Gruppen: Frühe oder Sommerrettiche, schwarze Winterrettiche und Reddisgen. Letzteres bereits mit verschiedenen Sorten.

1820 nannte Loudon bereits 19 Rettichsorten, darunter auch Radieschen mit runden und rübenartigen Wurzeln und mehreren Sorten, die für den Unterglasanbau geeignet waren. Die Treiberei in Frühbeetkästen und Gewächshäusern nahm insbesondere in Frankreich stark zu, wo man auch viel mit Farben experimentierte. Es gab gelbe, weiße, rotweiße Radies und solche mit runden, ovalen, walzenartigen und ret-

tichartigen Rübenkörpern. Unter
den Rettichformen gab es für Frühjahr und Sommer rote, weiße, gelbe,
rosa und schwarze Varietäten und
bei den Winterrettichen schwarze
Typen aus Spanien in runder oder
länglicher Form, weiße oder rote
und einen rosa Rettich aus China.
Der Sellerie *(Apium graveolens)*,
eine der ältesten Gewürz- und Heil-
pflanzen aus dem Mittelmeerraum,
entwickelte sich nach zwei verschiedenen Richtungen. Während
sich die deutschsprachigen Länder
für den Knollensellerie begeisterten
und darin auch züchterische Ent-
wicklungen vollbrachten, kam der
Stauden- und Bleichsellerie *(Apium
graveolens* var. *dulce)* im Laufe des
17. Jahrhunderts über Italien nach
Frankreich und von dort nach Bel-
gien und England. Die Kulturmethode, nach der damals der Bleichsellerie kultiviert wurde, ist heute
noch in England üblich. Man
pflanzte in sauber abgestochene
Gräben und häufelte später die
Erde wieder an, um die Blattstiele
auf diese Weise zum Bleichen zu
bringen und den Geschmack zu mildern. Um 1826 gab es auch einen
rotstengeligen Bleichsellerie und im
»Vilmorin« werden um 1900 bereits
über 30 Bleichselleriesorten genannt. Daneben gibt es der
Schnittsellerie *(Apium graveolens*
var. *secalinum)* mit dünneren Blattstielen und kleineren Blättern als die
beiden vorgenannten Arten. Hier
werden nur das Kraut und die Stiele

Eine alte Kulturmethode für Bleichsellerie:
Man pflanzt in tiefe Gräben und häufelt später
an; dadurch bleichen die Stiele.

genutzt, die Knolle ist nur angedeu-
tet und eher als Pfahlwurzel ausge-
bildet. Der Schnittsellerie wurde früher und wird auch heute noch zum
Würzen als Küchenkraut und als
Heilpflanze genutzt; er ist auch in
Fernost, China und Japan bekannt.
Zwiebeln *(Allium cepa)* gehören
ebenfalls zu den ältesten Kulturpflanzen. Sie waren bei den Ägyp-
tern hoch favorisiert, wovon mehrere Abbildungen in Pharaonengrä-
bern künden. Alle Kulturvölker rund
um den Mittelmeerraum benutzten
Zwiebeln, und sehr frühzeitig gab es
verschiedene Sorten. Zwiebeln und
Knoblauch galten als Speise des
einfachen Volkes. Der vom Genuß
ausgehende Gestank muß bereits
römischen Schriftstellern unangenehm aufgefallen sein. Mit der Verfeinerung der Sitten kam der Zwie-
bel- und Knoblauchgenuß in den

Geschichte

Schichten des Adels außer Mode. Dies tat ihrer Beliebtheit beim einfachen Volk keinen Abbruch.

Mit zahlreichen Wildarten kommt Allium in Mittel- und Ostasien, aber auch in Westeuropa und im Mittelmeerraum vor. Die Vorfahren unserer jetzigen Küchenzwiebel werden in Afghanistan, Turkestan oder in der Mongolei vermutet. Es gibt gelbe, weiße und rote Züchtungen von sehr mildem bis sehr scharfem Geschmack, mit sehr begrenzter und sehr guter Lagerfähigkeit, kurz, die Sortenvielfalt ist heute sehr groß. Insbesondere bei denjenigen Arten, die sich über Samen vermehren lassen.

Nur noch wenig gebräuchlich sind die Schalotte *(Allium ascalonicum),* die ihren Namen von der Stadt Ascalon, im heutigen Israel, herleitet und wahrscheinlich von den Kreuzfahrern eingeführt wurde, sowie die Ägyptische Zwiebel oder Etagenzwiebel.

Zu den in Deutschland heimischen *Allium*-Arten zählt auch der Schnittlauch, der vor allem im deutschen Sprachraum Verbreitung fand und in anderen Kulturen kaum gebräuchlich ist.

Aus dem großen Kreis der *Allium*-Arten ist auch der Porree *(Allium porrum)* entstanden, von dem eine direkte Wildpflanze als Ursprung nicht bekannt ist. Der wilde Sommerlauch *(Allium ampeloprasum)* ist sein nächster Verwandter. Er ist einheimisch im Mittelmeergebiet, im Vorderen Orient und in Nord-Afrika. Diese Art bildet in der Erde eine Zwiebel aus, die ihrerseits aus 2–5 Teilzwiebeln besteht, mit jeweils etwa erbsengroßen Brutzwiebeln (Bulbillen). Sie wurde im Nürnberger Raum, bei Erfurt, in Westirland und Westfrankreich angebaut und als Perlzwiebelchen vermarktet. Heute werden die Perlzwiebeln aus einer gänzlich anderen Art, nämlich den Zwiebelsorten 'Barletta' und 'Pompeji' in großen Kulturen gezogen. Man nimmt an, daß der Porree über die Römer aus Italien zu uns gelangt ist, auf jeden Fall jedoch während der Jahrtausendwende.

Gurkenarten *(Cucumis sativus)* sind in Indien und in Afrika heimisch. Mehrere Arten wurden bereits von den Römern beschrieben. Jedoch finden sich keine Hinweise, daß die Gurken zu dieser Zeit bereits von den Römern auch in Deutschland eingeführt wurden. Vielmehr fanden sie zunächst Verbreitung im slawischen Raum. Von dort aus fanden sie Eingang bei uns, wobei auch durch Seefahrer andere Arten über den Gartenbau in der Nähe der Hafenstädte Eingang fanden (z. B. die Hamburger Spezialität 'Azia-Gurken').

Die Gemüsearten der Neuen Welt
Während durch die zahlreichen Handelsbeziehungen der Völker in Europa Pflanzen des Mittelmeerraumes, Afrikas und vereinzelt auch aus Fernost schon frühzeitig Ein-

Tomaten wurden lange Zeit wegen ihrer farbenprächtigen Früchte als Zierpflanzen kultiviert. Mit heutigen Sorten (hier: 'Phyra') kommt man darauf zurück.

Nigella sativa, der Schwarzkümmel, ist nahe verwandt mit der Jungfer im Grünen *(Nigella damascena).* Seine Kapseln enthalten zahlreiche Samen, die als Brotgewürz und Pfefferersatz Verwendung fanden. Als Tee wirkt er verdauungsfördernd.

Geschichte

gang in die Kulturen fanden, war die Pflanzenwelt Amerikas und Ozeaniens bis zur Entdeckung Amerikas durch Christophorus Kolumbus (1492) unbekannt geblieben. Dennoch entstammen einige der wichtigsten Kulturpflanzen unserer Klimazone diesem Teil der Welt, darunter einige der beliebtesten.
Der Kürbis ist eine Pflanze der Neuen Welt und gelangte nach der Entdeckung Amerikas durch Kolumbus mit zahlreichen Schiffssendungen nach Europa. Über Fürstenhöfe und Apothekergärten, ferner über Klöster und botanische Gärten fanden Kürbisse Eingang in die Kulturen der europäischen Völker. Die ursprünglichen Arten entwickelten Früchte in Birnengröße mit bitterem Fleisch, aus denen im Laufe der Zeit bitterfreie Mutationen gefunden und von den Menschen weiter selektiert wurden. Es war also nicht das Fruchtfleisch, sondern in der Hauptsache das darin enthaltene Saatgut mit hohem Öl- und Eiweißgehalt, das die alten Völker zur Kultur verlockte. Noch heute haben wir diese Nutzung im Öl-Kürbis, aus dem z. B. in der Steiermark ein sehr wohlschmeckendes Speiseöl gewonnen wird. Ferner in den sogenannten schalenlosen Ölkürbissamen, die geröstet oder getrocknet gekaut werden. Ihre Samenschale ist nicht hart, sondern weich geblieben.
Die ältesten Kürbisfunde stammen aus dem südlichen Mexiko, wo sie in Höhlen gefunden und infolge von Radiokarbonanalysen auf die Zeit um 10700–9200 v. Chr. datiert werden konnten. Aus diesem gewöhnlichen Kürbis *(Cucurbita pepo)* mit starkem Fasergehalt des Fleisches entwickelten sich im Laufe der Jahrtausende zahlreiche heute besonders populär gewordene Formen, wie z. B. Zucchini, Scallopini, die hornartig gekrümmten Crookneck-Formen und die kleinbleibenden amerikanischen Kürbisarten, die vor allem für Dekorationszwecke benutzt werden, wie z. B. die »Fliegenden Untertassen«.
Auch die Tomate *(Lycopersicum esculentum)* gelangte nach der Entdeckung Amerikas an die Fürstenhöfe. Sie wurde gefunden und gesammelt im nördlichen Südamerika sowie in der Karibik, wobei vier Wildarten den Ausgangspunkt für die Züchtung großfruchtiger Tomaten bildeten. Die Johannisbeertomate *(Lycopersicum pimpinellifolia);* die kirschenförmige *L. cerasiformis* sowie die auf den Galapagosinseln heimische *L. chesmanii* mit kleinen Früchten und eine weitere, nämlich die in Venezuela beheimatete Humboldts Wildtomate *(Lycopersicum humboldtii),* die bereits 4–6 cm große Früchte entwickelt. Noch heute greifen die Züchter gerne auf die in Genbaken gespeicherten und in verschiedenster Hinsicht auf Resistenzen untersuchten Wildarten

Aus dem Samenkatalog der Firma SAMUEL LORENZ ZIEMANN-SPERLING, 1890.

Diese sämmtlichen Früchte sind nach von mir gelieferten Vorlagen resp. Probe-Früchten naturgetreu wiedergegeben.

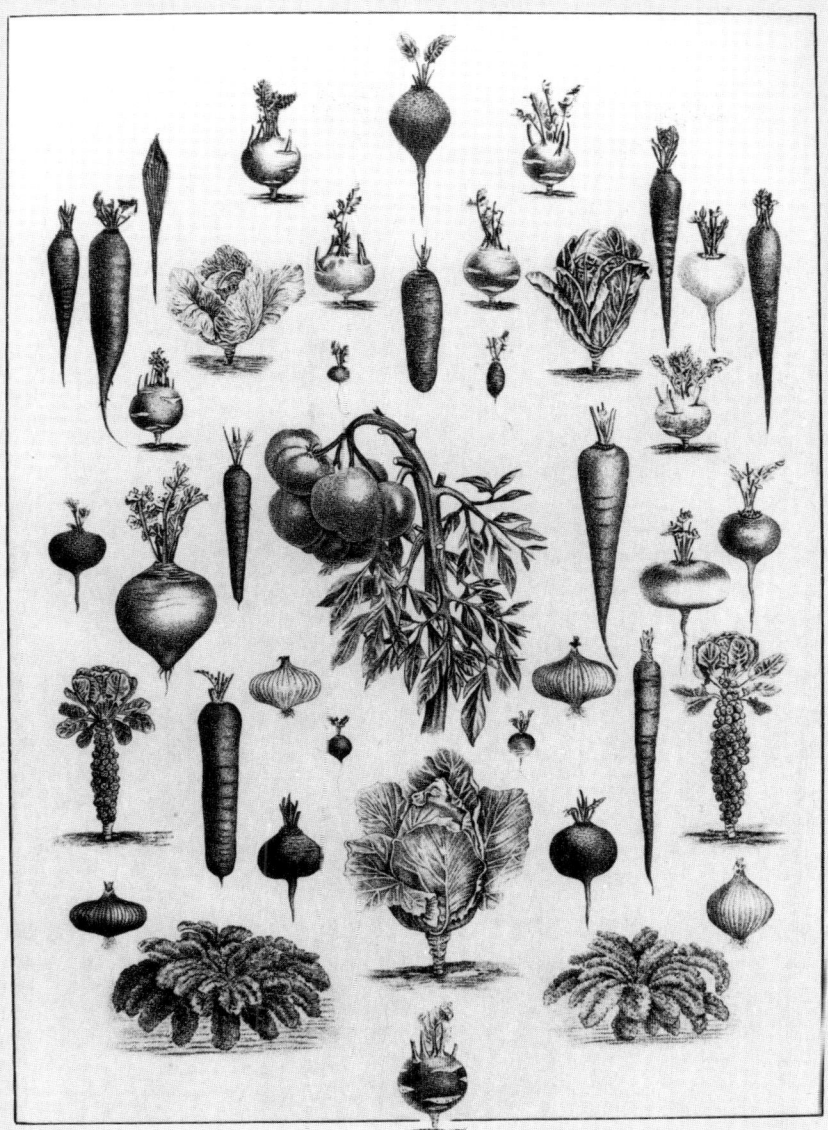

Geschichte

zurück, um die Widerstandsfähigkeit gegen Schädlinge und Krankheiten bei den Kultursorten zu verbessern.

Zunächst jedoch war die Tomate ein reines Kuriosum. Der »Liebesapfel« wurde als Zierpflanze gehalten und zwar zumindestens im nordeuropäischen Raum sehr lange Zeit, weil man annahm, daß die Pflanze wie andere Nachtschattengewächse giftig sei. In Italien und Frankreich wurde dieser Irrtum schon früh erkannt und die Tomate wurde um Neapel und Rom, danach in ganz Italien, zu einer der beliebtesten Gemüsepflanzen, so daß heute zahlreiche Gerichte der italienischen Küche von der Verwendung mit Tomatenfrüchten dominiert werden. In Deutschland blieb die Tomate ein mißtrauisch beäugtes Kind der botanischen Gärten. Erst gegen Ende des 19. Jahrhunderts und in einem zweiten Anlauf zwischen 1925 und 1930 wurde diese interessante Gemüseart von den Gemüsegärtnern aufgegriffen, kultiviert und auf den Märkten den Verbrauchern angeboten. Nach 1930 steigerte sich ihre Beliebtheit sehr schnell, wohl auch ausgelöst durch neue englische Züchtungen, die die Kultursicherheit sowie die Fruchtform bedeutend verbesserten.

Schon frühzeitig waren sehr vielfältige Formen und Farben von Tomaten bekannt, die heute erst wieder nach und nach entdeckt und als sogenannte »Neuheiten« über den Samenhandel bekannt gemacht werden, nämlich »rotfrüchtige runde, gelbfrüchtige runde, solche mit gerippten Früchten, andere mit kleinen runden kirschenähnlichen Früchten, mit kleinen runden gelben Früchten, mit birnenförmigen roten und mit birnenförmigen gelben Früchten« (Friedrich Alefeld, 1866).

Auch der Mais *(Zea mays)* mit seiner mehr Zucker enthaltenden Variante Zuckermais ist in Mittel- und Südamerika zu Hause. Bei den Indios und Indianern zählte er zu den Hauptnahrungsmitteln. Um 1600 in Europa eingeführt, fand er wegen seiner Wärmeansprüche vorwiegend in den Mittelmeerländern Eingang in die Kulturlandschaft. Nördlich der Alpen blieb er eine Rarität bis in die 70er Jahre hinein, erst danach wurde mit neuen Züchtungen, die widerstandsfähiger waren, der Anbau auch im nördlichen Deutschland und sogar bis weit nach Skandinavien hinein populär. Während früher die Kolben von gewöhnlichen Maissorten in der Milchreife verzehrt wurden, hat die Züchtung heute besonders stark traubenzuckerhaltige Sorten hervorgebracht mit extra Zuckergenen, die den Geschmack über längere Zeit behalten.

Kulturverfahren
früher und heute

Kulturverfahren

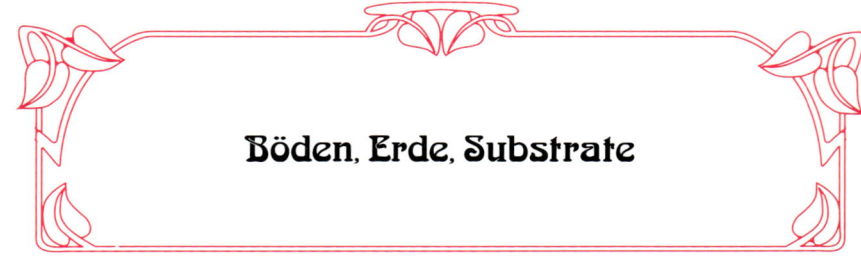

Böden, Erde, Substrate

Pflanzen wachsen in Erde – Jahrtausende lang war dies eine unumstößliche Tatsache. Solange, bis in den 50er/60er Jahren die Grundlagen für künstlich erstellte Substrate entwickelt wurden, bis hin zur Hydrokultur, in der bekanntlich auf jede Art von festem Substrat verzichtet wird. Bis dahin wurde den verschiedenen Erden eine sehr große Bedeutung zugemessen. Arme und reiche Böden, also solche mit hohem Humus- und Nährstoffgehalt und besonderer Fähigkeit, Wasser zu halten, besaßen eine wesentlich größere Bedeutung als heute, wo mit mineralischer Düngung mancher Ausgleich zu schaffen ist. Auch heute noch läßt sich aus der Dichte der Besiedelung und aus dem Reichtum der älteren Städte auf die Güte der Böden der umgebenden Landschaft schließen.

Sandboden entstand aus Ablagerungen der Eiszeit oder der Flüsse. Er ist leicht mineralisch, enthält sehr wenig Humusstoffe, kann fast steril sein, d. h. wenig Krankheitskeime enthalten und verfügt über wenig Fruchtbarkeit. Sandboden benutzt man heute wie damals als Zuschlagstoff zu anderen Erden, um diese lockerer und durchlässiger zu machen.

Moorboden entsteht aus Torfablagerungen. Er verfügt über einen sehr hohen Humusgehalt, ein hohes Wasserhaltevermögen, aber über eine geringe Fruchtbarkeit. Der hohe Gehalt an Säure bedingt überdies, daß viele Pflanzen unter solchen Bedingungen nicht gedeihen können. Zugaben von Kalk verbessern diesen Zustand ganz erstaunlich, weshalb die Gärtner früherer Jahrzehnte sehr gern mürben Lehm zugaben und damit ein Kultursubstrat mit sehr guten Eigenschaften erhielten. Die heutige Einheitserde ist auf diesem Prinzip aufgebaut.

Rasenerde enthält viele Humus- und Nährstoffbestandteile, entsteht sie doch durch Zersetzen von Grasnarben, durch Umbruch von Wiesen oder durch Kompostierung abgeschälter Rasenflächen. Sie kann je nach Untergrund sandig, moorig oder lehmig sein. Rasenerde war in Gärtnereien besonders beliebt, weil darin fast alle Pflanzen bestens gediehen, auch die anspruchsvolleren und sogar Ananas und Wein.

Kulturverfahren

Rindenerde fiel in den Gärtnereien häufiger an, da für alle möglichen Einrichtungen Holz gebraucht wurde und Rinde in Mengen übrig blieb. Sie war jedoch nicht besonders beliebt, denn eine Eigenschaft, die sich auch in der modernen Rindenkultur bemerkbar macht, wirkte sich negativ aus: Bei der Umsetzung und Zersetzung durch Bakterien und Kleinlebewesen wird in erheblicher Menge Stickstoff benötigt, der den Pflanzen zunächst nicht zur Verfügung steht. Ohne entsprechende Kenntnisse, wie dem entgegenzusteuern ist, hatten unsere Altvorderen damit Schwierigkeiten, allerdings wußten sie auch die Rindenteile bereits als Deckmaterial zum Bodenschutz (Mulch) zu nutzen.

Mist- und Mistbeeterde hatten und haben immer noch eine große Bedeutung. Als Mistbeeterde bezeichnet man das Substrat, das nach dem Packen von Frühbeetkästen mit Pferde- oder Kuhmist entsteht und mit Erde des Untergrundes vermischt sein kann. Dieser verrottete Mist ist sehr locker und leicht, außerdem nährstoffreich, insbesondere wenn andere ersetzbare Abfallstoffe mit verwertet werden, z. B. Hornspäne, Gülle und Jauche (siehe auch S. 34). Guten Pflanzenwuchs erzielte man daher insbesondere durch Beimischung von Misterde.

Lehmerde enthält in besonderem Maße Kalk und tonige Bestandteile.

Der Kompostplatz soll schattig liegen; mit sauberer Einfassung fast eine Zierde.

Sie ist, wenn sie aus dem Untergrund kommt, zunächst unfruchtbar und muß vermischt werden oder erfordert eine Belebung durch Mikroben und Pflanzen (z. B. durch Gründüngung). Lehmerde enthält und bindet in großem Maße Wasser, wirkt also stabilisierend. Nachteilig ist, daß sie sich schwer erwärmt und schwer abtrocknet, was die Bodenbearbeitung erschwert.

Auf Kompost waren Gärten mit überwiegend Gemüsebau angewiesen, um zu einer preisgünstigen Humusversorgung und zum Ergänzen der entzogenen Nährstoffe zu gelangen. Zum Kompostieren empfahl

Kulturverfahren

man wie heute alle Stoffe, die in Verwesung übergehen können, mit Ausnahme der gerbsäurehaltigen Rinden. Als Zusatzstoffe waren Sand, Ruß, Asche und Straßenabfälle willkommen, ferner flüssige Düngerstoffe, wie Harn, Blut, Mist, Jauche und schichtweise gebrannter Kalk, der die Zersetzung der Pflanzenstoffe bekanntlich beschleunigt. Dreimal jährlich setzte man den Kompost um.

Dafür, daß Hügelbeete bereits bekannt waren, gibt es keinerlei Hinweis. Jedoch ist dies eine alte Gärtnerpraxis, insbesondere in Gegenden mit schweren, tonigen Böden. In tief ausgehobene Frühbeete wird zunächst eine Schicht von Reisig und grob zerkleinertem Gehölzabfall gegeben. In Verbindung mit einer Laubschicht sorgt sie für einen guten Abzug des Regenwassers und über die Umsetzung der organischen Stoffe für eine milde Erwärmung. Darüber wird junger, noch brockiger Kompost (1–2 Jahre alt) gegeben und mit einer feinen Schicht älterem gut gesiebtem Kompost abgedeckt, in die dann gesät und zarte Pflänzchen ausgesetzt werden können. Ähnlich wird bei dem heute beliebten Hochbeet verfahren (s. S. 13).

Erden heute

Die Zeit der -zig Erdhaufen ist sicherlich endgültig vorbei, höch-

Eine Kompostmiete wird umgeschaufelt.

stens für die standortgerechte Pflanzung von Stauden wird man auf die auf Seite 28 genannten Erdtypen zurückgreifen. Für die Anzuchten im Haus, im Wintergarten oder am Fensterbrett sind optimale Substrate notwendig, damit das Saatbeet genügend Sauerstoff enthält, Feuchtigkeit speichert und überdies keimfreie Bedingungen geschaffen werden. Das heißt, die Aussaaterden sollten frei von Krankheiten, Schädlingen und Unkraut sein. Außerdem benötigt die Pflanze beim Start nur in minimalem Umfang Nährstoffe. Dünger sind daher weder notwendig noch erwünscht, denn zu viel Düngesalze können zu Verbrennungen führen Im Handel gibt es gute Anzuchterden, auf die man zurückgreifen sollte (z. B. Aussaaterde von Euflor, TKS I, Frux ED Einheitserde) Gartenbesitzer können natürlich auch auf Komposterde zurückgreifen oder auf gut strukturierte Gartenerde, sofern vorhanden. Man sollte sie allerdings vor Gebrauch sterilisieren. Dies ist kein Problem denn in jedem Haushalt gibt es einen Bratofen, der sich auf Temperaturen um 150 °C einstellen läßt. Man nimmt nun eine der handelsüblichen Bratfolien oder einen feuerfesten Topf, der sich später wieder auswaschen läßt. Hierin wird die Erde gefüllt und etwa eine $1/2$ Stunde lang den genannten hohen Temperaturen ausgesetzt. Nach dem Abkühlen ist diese Erde sofort brauchbar.

Kompost

Komposterde hat wieder viel von ihrer alten Bedeutung zurückerlangt. Auch wenn ihr Nährstoffgehalt meistens überschätzt wird, steht mit diesem humusreichen Substrat aus eigener Erzeugung doch jederzeit brauchbare, selbst erzeugte Humuserde zur Verfügung, die obendrein den Vorteil hat, daß sie fast nichts kostet und die Entsorgung mit anfallenden Pflanzenresten löst. Es ist allerdings sehr wichtig, Unkräuter auszujäten, bevor sie blühen und Samen ansetzen. Je nach Fruchtbarkeit des Bodens und nach Menge der organischen Masse, die zersetzt wurde, kann der Kompost mehr oder weniger Nährstoffe enthalten. Zur alleinigen Düngung unserer Gartenkulturen reicht dieser Vorrat in den seltensten Fällen. Es muß also nachgedüngt werden, wobei der Anwender zwischen organischen und mineralischen Düngern wählen kann.

Genaue Anleitungen zum Aufsetzen eines Kompostes finden Sie in vielen allgemeinen Gartenbüchern.

Das Packen eines Mistbeetes

Zu den heute noch möglichen Tugenden früherer Gärtnergenerationen gehört es, fachgerecht ein Mistbeet zu packen. Hierzu benötigt man frischen Pferdemist. Weniger geschätzt ist Kuhmist, weil er sich nicht so gut erhitzt. Ferner benötigt man ein Frühbeet mit festem Rahmen, auf das später Fensterrahmen

Ein Mistbeetkasten wird nach alter Art gepackt: Erst Pferde- oder Kuhmist, dann verrotteter Kompost. Alles wird gut angetreten und feucht gehalten. Die Erwärmung durch bakterielle Umsetzung bietet ideale Voraussetzungen für junge Pflanzen.

aufgelegt werden, um die sich entwickelnde Hitze zu halten. Diese natürliche Wärmequelle wird benutzt zum Verfrühen von Gemüse, zum besseren Keimen von Aussaaten. Diese Wärme entsteht auf natürliche Weise bei der Umsetzung und Zersetzung des eingebrachten Mistes. Die beste Zeit zur Anlage ist Ende Februar bis März. Der Boden wird etwa 80 cm tief ausgehoben,

dann wird frischer Pferdemist eingebracht (erhältlich in Reitställen). Trockener Mist wird mit Wasser angefeuchtet. Schicht für Schicht wird gepackt und mit Stiefeln festgestampft. Nach dem Festtreten hat die Mistpackung eine Stärke von 40–50 cm. Bei späteren Aussaatterminen kann sie auch etwas geringer ausfallen (20–30 cm). Auf diese Mistschicht wird eine 20 cm hohe

Schicht von verrottetem Kompost aufgebracht. Diese Schicht darf nicht allzu dünn ausfallen, weil sonst die Pflanzenwurzeln durch die sich entwickelnde Hitze in Gefahr geraten. Schon nach wenigen Tagen setzt die Erwärmung ein, die auf 65–70 °C steigen kann. Allmählich nimmt die Umsetzungstätigkeit ab, so daß nach einem Test mit Gartenkresse auch wertvolle Kulturpflanzen gesät werden können. Wichtig ist, daß die aufgelegten Fenster in der Anfangszeit, also vor dem Besäen oder Pflanzen gelüftet werden, damit sich entwickelnde Ammoniakgase entweichen können. Die Frühbeetaußenseiten können auch eine Packung aus Laub, Stroh oder locker aufgeschichtetem Mist erhalten, um eventuell wärmeliebende Kulturen im Inneren des Gewächshauses zu schützen. Nachts können die Aussaaten zusätzlich durch Abdecken mit Strohmatten oder Isolierfolie geschützt werden.

Mischkulturen werden schon seit Jahrhunderten praktiziert. Im Vordergrund die Kaffee-Zichorie, deren Wurzeln geraspelt und in der Pfanne geröstet den bekannten »Muckefuck« liefern.

Fruchtwechsel und Mischkulturen
Monokulturen im Garten mit nur lediglich einer Kultur pro Beet sind unwirtschaftlich und werden ohnehin kaum praktiziert. Das Zusammenpflanzen mehrerer Gemüse ist platzsparend. Beobachtungen führen dazu, daß man heute mehr Rücksicht nimmt darauf, daß sich Pflanzen gegenseitig beeinflussen können, sowohl in negativer als auch in positiver Hinsicht. Geruchsstoffe, die eine Pflanze als Abwehr gegen Insekten ausströmt, helfen auch einer anderen, wenn die betreffende Pflanze dazwischen oder benachbart gepflanzt wird. Umgekehrt können sich manche Pflanzen »nicht riechen« oder beeinflussen sich durch ihren Wuchscharakter negativ. Es sei auf die zahlreiche Literatur verwiesen, die es zu diesem Thema gibt. Leider sind über die in diesem Buch erwähnten seltenen Gemüsearten kaum Erkenntnisse vorhanden. Da sie jedoch zu bestimmten Pflanzenfamilien gehören, kann davon ausgegangen werden, daß nahe verwandte Kulturpflanzen ähnlich reagieren.

Kulturverfahren

Dünger

Man sieht, es war früher nicht ganz einfach, die Bodenfruchtbarkeit zu steigern. Mineraldünger war Mitte bis Ende des letzten Jahrhunderts zwar schon bekannt durch die Erkenntnisse Justus von Liebigs (1803–1873). Sie setzten sich jedoch – über die Landwirtschaft kommend – erst allmählich durch, auch im Erwerbsgartenbau und erst recht viel später in den Hausgärten. Viele heute geläufige Düngerformen waren noch unbekannt.

Der echte peruanische Guano war von großer Bedeutung. Dieser Dünger wird aus den Ablagerungen der Seevögel gewonnen und enthält alle nötigen Stoffe für die Pflanzen, insbesondere Phosphorsauren Kalk, Kali, Natron, Salpeter (Stickstoff). Der weite Transport von Südamerika her brachte es mit sich, daß schon bald nach Ersatzstoffen gesucht wurde, wie z. B. Fischguano, Granatguano (von kleinen Seekrebsen), Heringsguano und Bakerguano (Superphosphat).

Knochenmehl kam damals gerade auf. Ein altes Rezept zur »Selbsterzeugung von gutem Knochenmehl«: Man legt frische gute Knochen schichtenweise zwischen Pferdemist und sorgt dafür, daß der Mist nicht zu trocken ist, was in einem Mistbeet geschehen kann. Bei dem Ausräumen der Mistbeete (nach 9–12 Monaten) findet man die Knochen in eine pulvrige, käsige Masse verwandelt.

Hornspäne gehören nach wie vor zu den beliebten Düngemitteln, insbesondere, wenn es um Zierpflanzen geht, die in Balkonkästen oder Töpfen über eine längere Zeit mit Stickstoff versorgt werden sollen, da die Umsetzung eine Weile dauert.

Über Blut, Leim, wollene Lumpen und tierische Abfälle wird heute nicht mehr gesprochen, jedoch sind solche Substanzen durchaus noch in den heute üblichen kompostierten und aufbereiteten organischen Düngern enthalten. Ebenso werden industriell noch die Rückstände von Malzkeimen, Trester, Biertreber, Ölkuchen und Zuckerrüben wegen ihrer Düngerkraft verwendet.

Für den Hausgarten spielten Ruß und Asche eine große Rolle. Aus ihnen wurde eine Jauche angesetzt. Asche enthält die Rückstände organischen Materials, insbesondere

Kulturverfahren

von Holz in sehr konzentrierter Form. Stein- und Braunkohlenasche ist minderwertig.

Schwefelsaures Ammoniak ist auch heute noch ein bekanntes Düngesalz, insbesondere dort, wo eine saure Bodenreaktion gewünscht wird.

Niemand würde heute daran denken, Kochsalz oder Seesalz zur Gemüsedüngung zu verwenden. Zu Großmutters Zeiten wurde damit gehandelt und auch heute noch findet man, z. B. für Sellerie, die Empfehlung, es anstelle von Kalium einzusetzen.

Kohlensaurer Kalk gehört zu den ältesten mineralischen Düngemitteln. Er wird insbesondere auf sandigem und moorigem Boden verwendet und kann auch tonige Böden verbessern. Der kohlensaure Kalk wird im Herbst auf das zu bestellende Land ausgebreitet oder dem Komposthaufen zugesetzt.

Gips wurde, wo vorhanden, auf die Beete gebracht und insbesondere für Hülsenfrüchte und Erdbeeren empfohlen. Auf dem Komposthaufen kann Gips frei werdendes Ammoniak binden.

Kalkmergel gehört auch heute noch zu den beliebten Düngern, insbesondere dort, wo der Humusgehalt des Bodens hoch ist. Er aktiviert den vorhandenen Stickstoff im Boden sehr schnell, darf aber nicht allzu häufig angewendet werden, weil sich dann das Sprichwort »von den reichen Vätern und den armen Söh-

Eine Aufteilung von A. Stöckert weist um 1850 folgendes aus:

Stickstoffreiche Düngemittel, (treibende) ammoniakhaltige Substanzen, (sehr schnell treibende): Ammoniaksalze, Guano-Urate, gefaulter Harn, gefaulter Stallmist – namentlich von Schafen und Pferden.

Leicht zersetzbare stickstoffhaltige Substanzen (ziemlich schnell treibende): Hornspäne, Leim, aufgeschlossenes Knochenmehl, Ölkuchen, Malzkeime, frischer Harn, ungefaulter Stallmist.

Schwer zersetzbare, stickstoffhaltige Substanzen (langsam treibende): Knochenmehl, wollene Lumpen, frischer Stallmist.

Salpeterhaltige Substanzen (schnell treibende): Kalisalpeter, Chilesalpeter, alte Komposterde.

Kohlenstoffreiche Düngemittel (humusbildend): Stallmist, Waldstreu, Gründüngung, Torf, erdige Braunkohle.

Kalihaltige Düngemittel (stark treibende): Pottasche, Kalisalpeter, Malzkeime, Holzasche, Harn der Zugtiere, Bauschutt, Straßenkot, Kompost.

Natronhaltige Düngemittel (weniger sichtlich wirkend): Kochsalz, Seifensiederlauge.

Phosphorsäurereiche Düngemittel (samenbildende): Knochenkohle, Phosphorit, Cuproliten, Knochenmehl, Baker-Guano, Chilesalpeter, tierische Substanzen aller Art.

Schwefelsäurehaltige Düngemittel (teils direkt düngend, teils dungstoffkonservierend): Gips, Schwefelsäure, Eisenvitriol, Steinkohlen, Braunkohlen und Torfasche.

Kalkreiche, kieselsäurereiche bodenaufschließende Dünge- und Bodenverbesserungsmittel.

Kulturverfahren

nen« bewahrheitet, d. h. der Boden laugt übermäßig aus.

Jauchen aus natürlichen Stoffen standen bei den Flüssigdüngern im Vordergrund des Interesses. Mist, Jauche oder Gülle verwendet der Bauer heute auch noch als preisgünstigen und stets vorhandenen Dünger für Weiden, freies Ackerland und in entsprechender Düngung auch für stickstoffbedürftige Kulturen, wie z. B. Gurken. Sie muß stets abgelagert und vergoren sein, ansonsten kann die Ausbringung zu Pflanzenschäden führen.

Wer sich eine solche Jauche im Garten ansetzen möchte, kann auf alte Rezepte zurückgreifen: In einem Faß, mit Wasser gefüllt, werden Pferde-, Rinder-, Schaf- oder Geflügelmist, Ruß, Blut oder Harn angesetzt, gelegentlich umgerührt und 8 Tage nach dem ersten Ansatz, also nach einem kurzen Gärungsprozeß, zum Gießen verwendet. Wenn benetzte Pflanzenteile mit klarem Wasser sofort abgespült werden, kann es zu keinen Pflanzenschäden kommen. Die gute Wirkung jedoch stellt sich nach wie vor ein.

Auch die Pferdeäpfel waren sehr begehrt. Sie wurden als Kehrricht zur Kompostherstellung mit Eimern gesammelt. Auch der sogenannte Abtritt, also menschliche Fäkalien, wurden auf diese Weise verwertet. Mit größtem Wohlwollen landeten hier die Inhalte der Nachtgeschirre, gesammeltes Blut, Harn, tote Tiere,

Kuh- und Pferdemist sind als Humus- und Stickstoffquellen gefragt.

Ruß, Geflügel, Mist, Pferde-, Rinder-, Schafmist – kurz, alles was düngen kann.
Daß Gründüngung nützlich ist, wußte man auch schon zu Großmutters Zeiten. Hierunter versteht man bekanntlich grünmassebildende Pflanzen, die selbst keinen Ertrag bringen, sondern nur durch ihre Biomasse nach entsprechender Umsetzung im Boden durch Kleinlebewesen und Bakterien den Humusgehalt erhöhen. Obwohl Gründüngung die ganze Vegetationsperiode über auf Gartenbeeten herangezogen werden kann, empfiehlt sich doch hierfür die Aussaat ab Ende Juli oder Anfang August, wenn die Haupternte der Gemüsepflanzen bereits erfolgt ist und die Böden eine Ergänzung der Nährstoff- und Humusgehalte vertragen. Wenn die Pflanzen zu blühen beginnen oder wenn der Frost einsetzt, wird die Grünmasse abgesichelt, kompostiert oder besser noch, auf dem entsprechenden Beet flach untergegraben. Die Gründüngungspflanzen brauchen zur Eigenentwicklung zunächst eine leichte schnellwirkende Startdüngung, sofern der Boden nicht noch aus vorherigen Kulturen genügend Nährstoffe enthält. Ein Vorteil der Gründüngung aus heutiger Sicht ist es, frei werdende im Boden gelöste Nährstoffe über diese Pflanzen aufzufangen, in Biomasse umzusetzen und auf diese Weise vor dem Abschwemmen in den Untergrund zu bewahren. Durch die allmähliche Umsetzung im Boden wird dieser Nährstoffgehalt erst im zeitigen Frühjahr wieder frei und weiterhin im Laufe der nächsten Vegetationsperiode, so daß in den Monaten März/April bis Anfang Mai auf die erste Düngung verzichtet werden kann. Eine umweltfreundliche Überlegung, die zugleich Ausgaben spart!

Gründüngungspflanzen, die damals in hohem Kurs standen, sind Lupinen, Spörgel (heute kaum noch bekannt), Spinat, Herbst- oder Wasserrüben, Melde, Mohn.
Heute würde man auch Kleearten wie Perserklee, Inkarnatklee, Alexandrinerklee und Luzerne zu diesen Pflanzen rechnen, außerdem Gräser mit ihrem starken Wurzelwachstum, z. B. Deutsches Weidelgras und *Phacelia,* den Bienenfreund. Die Nutzung von Senf als schnellwachsende Gründüngungspflanze für schwere Böden war offensichtlich damals nicht verbreitet, obwohl der Senf durchaus zu den Gemüse- und Kulturpflanzen zählte.
Kreuzblütler (also auch Senf) sind problematisch, weil sie zur Weiterverbreitung der schlimmsten Kohlkrankheit, der Kohlhernie (stark verdickte Wurzeln und Kümmerwuchs) beitragen können. Auf kalkhaltigen, schweren Böden ist die Gefahr kaum vorhanden, auf leichten, sandigen dagegen sehr akut. Hier sollte man ausweichen auf die neutrale Pflanze *Phacelia* (Bienenfreund), die

Kulturverfahren

Senf wird heute überwiegend als Gründüngung genutzt. Früher diente er Speisezwecken.

schnell wächst, den Boden innerhalb kürzester Zeit bedeckt und beschattet und überdies eine ausgezeichnete Bienenweide abgibt.

Düngung heute
Organische Handelsdünger werden heute neben den kompostierten und mit Nährstoffen angereicherten Torf- und Rindenhumus-Substraten verstärkt in den Gärten angewendet. Ihr Vorteil: sie liefern zusätzlichen Humus und Nahrung für die Bodenlebewesen. Verbrennungen der Pflanzen kann man bei sachgemäßer Anwendung ausschließen. Sie versorgen die Pflanze schonend und über einen langen Zeitraum mit den notwendigen Nährstoffen. Nachteil: sie sind verhältnismäßig teuer, und es läßt sich kaum vorherbestimmen, wann die Pflanze den Großteil der Nährstoffe aufnimmt. Knochenmehl und Hornspäne, sowie Blutmehl gibt es nach wie vor. Daneben werden eine Vielzahl der früher verwendeten Abfallstoffe

auch heute noch in kompostierter oder fermentierter Form auf den Markt gebracht. Selbst den Rinder- und Pferdedung früherer Zeiten gibt es heute abgepackt in nahezu appetitlicher und ansprechender Form. Auch der Peruguano erfreut sich nach wie vor großer Beliebtheit und wird insbesondere bei Zimmerpflanzen und zur Düngung der Balkonkästen verwendet. Den meisten organischen Handelsdüngern ist ′ Kali zugegeben, das sonst als Kalimagnesia extra gedüngt werden müßte.

Torf und Rinden sind ohne Kompostierung reine Humuslieferanten, keine Dünger, auch wenn entsprechende Bezeichnungen diesen Anschein erwecken. Im Gegenteil: sie benötigen zur Umsetzung im Boden erhebliche Mengen von Stickstoff, die den Pflanzen natürlich entzogen werden. Unsere Vorfahren wußten dies bereits. Wenn man diese Hilfsmittel einsetzt, ist darauf Rücksicht zu nehmen.

Mist muß unbedingt anrot-
ten. Frischer Ammoniak
führt zu Verbrennungen.

Mineralische Dünger mit jeweils
einem Kernnährstoff verwendet
die Landwirtschaft in großem Umfang. Ihre Anwendung setzt spezielle Kenntnisse voraus, so daß im
Garten hauptsächlich Volldünger
beliebt sind. Am bekanntesten ist
der chlorfreie sogenannte Blaue
Volldünger. Diese Düngerform hat
den Nachteil, daß bei zu hoher
Gabe, was sehr leicht geschehen
kann, Verbrennungen auftreten.
Außerdem werden die Nährstoffe
unabhängig vom Bedarf der Pflanze
im Bodenwasser gelöst und
leicht auch in den Untergrund ge-
schwemmt, wo sie Probleme beim
Grundwasser verursachen und darüber hinaus der Pflanze entzogen
sind. Eine Verschwendung, die
nicht sein muß.
Die Düngerindustrie hat hierauf
längst Antworten gefunden, die
diese Nachteile ausgleichen, z. B. in
Form der sogenannten Dauer- oder
Langzeitdünger, die die Nährstoffe
erst auf Aktivitäten der Pflanzenwurzeln hin abgeben. Eine sehr gezielte
Form der Düngung also, die auch
Verbrennungen der Pflanzen aus-
schließt.
Die Kalkversorgung läßt sich nach
wie vor über Kalkmergel und koh-
lensauren Kalk lösen.
Als sogenannte Grunddüngung wird
ein Teil der Nährstoffe bereis beim
Aussäen oder Pflanzen in den Boden eingearbeitet. Der Hauptteil der
Nährstoffe sollte jedoch erst später
gegeben werden, entsprechend dem
wachsenden Bedarf der Pflanze
oder in Form der erwähnten Langzeitdünger bereits bei Beginn der
Kultur.
Als Kopfdüngung wird die Nachdün-
gung bezeichnet, jedoch niemals
auf den Kopf der Pflanze gestreut,
sondern stets in der Nähe des
Wurzelhalses eingearbeitet.
Nach dem Ausbringen der Kopfdüngung ist es unbedingt empfehlenswert, die Pflanzen zu gießen, wobei
auch die Blätter gründlich benetzt
werden müssen.

Kulturverfahren

Der Kampf gegen Krankheiten und Schädlinge

Aus heutiger Sicht, d. h. vor dem Hintergrund einer Überflußproduktion und mit einer Fülle von zugelassenen und trotz aller abwertenden Diskussion hilfreichen Pflanzenschutzmitteln, wirken die damaligen Bemühungen zur Abwehr von Schädlingen und Krankheiten hilflos. So heißt es in einem Gartenbuch um 1860: »Die Gartenpflanzen haben unzählige Feinde an verschiedenen Tieren« und »Gegen die den Kulturpflanzen schädlichen Tiere gibt es nur ungenügende Sicherheit, und die Verwüstung, welche dieselben anrichten, ist daher zuweilen groß. Da man gegen die Mehrheit der schädlichen Tiere die Pflanzen nicht schützen kann, so wird nur über diejenigen ausführlicher berichtet, welche wesentlichen Schaden anrichten. Die minder gefährlichen Feinde aber nur beiläufig erwähnt.«

Zwangsläufig wurden damals in großer Vielfalt Methoden praktiziert, die heute als »biologisch« bezeichnet werden. In ihrer Verzweiflung, Kulturen vor Schaden zu bewahren, griffen unsere Vorfahren auf alles zurück, was einigermaßen Sinn

machte. Insofern sind die damals gemachten Erfahrungen auch aus heutiger Sicht nützlich.

Zu den Freunden des Menschen zählte bereits der Maulwurf, denn er wird nur durch Wühlen schädlich, aber, »Durch Fressen der Engerlinge, Regenwürmer, Maulwurfsgrillen und anderer Insekten ist er ungemein nützlich.« Da, wo die Maulwürfe durch ihr Wühlen zu weniger erfreulichen Ergebnissen führten, z. B. in Saatbeeten, versuchte man sie zu vertreiben, z. B. mit Stücken und Blättern von grünem Holunderholz, die in die Gänge gesteckt wurden und durch den Geruch das Abwandern bewirken sollten. Andere Geruchslieferanten waren Steinkohlenteer, Steinöl, Menschenkot, Heringsköpfe, Knoblauch, tote Krebse und geteerter Bindfaden.

Wühlmäuse fing man mit Kastenfallen oder vergiftete sie mit Wurzeln von Petersilien und Pastinaken, die mit Arsenik oder Phosphor präpariert wurden.

Gegen die Sperlinge, besonders schlimme »Gartenfeinde«, ging man mit Vogelscheuchen vor. Ein besonders wirksames Modell bestand aus einer mit Federn bespickten Kartoffel, die über dem Beet anzubringen war. Um größere Felder gegen Spatzen zu schützen, wurden Kinder mit Klappern angestellt oder es wurde auf die Vögel geschossen. bzw. mit Netzen vorgegangen. Wie man weiß, ist das Problem, gegen gefiederte Gartenschädlinge vorzugehen, auch mit den modernsten Mitteln der Technik noch nicht gelöst. Immerhin hatte man ein Herz für die anderen Vögel, denen man zwar die Angriffe auf das Obst nachtrug, ihre nützliche Rolle als Vertilger schädlicher Insekten war durchaus schon erkannt und infolgedessen Schonung anempfohlen. Auch die Schnecken gehören zu den schlimmsten »Gartenfeinden«. Insbesondere die kleine nackte Gartenschnecke, die »aufgegangene Saaten der seltensten Pflanzen frißt und unberechenbaren Schaden tut.« Als Gegenmittel empfiehlt man, des Nachts die Schnecken mit der Laterne abzusuchen, aber auch das Anlocken mit Moos, Stücken von Baumrinde, feuchtem Holz, Kohlblättern war bekannt. Eine besonders gute Methode scheint darin bestanden zu haben, daß man Häufchen von Weizenkleie auf dem Gartenland verteilte, wodurch die Schnecken angelockt und mit Bestreuen durch Ätzkalk abgetötet werden konnten. Die Bierfallen-Methode, wie sie heute häufig propagiert wird, war noch nicht erfunden. Möglicherweise war auch dieser

Wie man sieht, ist der Kampf gegen die gefiederten »Mitesser« unverändert problematisch.

Trank den sparsamen Gärtnern dieser Zeit zu teuer. Hingegen kannte man das durchaus wirksame und heute noch gebräuchliche Mittel, Beete mit gehäckselten Materialien und rauhen Stoffen zu schützen, über die die Schnecken nicht oder nur schwer kriechen können. Die besten Schneckenvertilger sind jedoch Kröten, Igel, Hühner und (in großen Gärten) die Enten und »man tut sehr wohl, dieselben täglich früh in den Garten zu lassen«. Eine Methode, mit der heute noch die Besitzer von größeren Gartenteichen ausgezeichnete Erfolge vermelden.

Kulturverfahren

Den Regenwürmern stand man ablehnend gegenüber. Sie wurden als sehr lästige Gartenfeinde betrachtet, die »besonders in Töpfen durch ihren Unrat den Abzug verstopfen und die Erde verderben«. Probates Mittel gegen Regenwürmer: Den bewährten Enten das Vertilgen überlassen oder sie mit stark ätzenden Flüssigkeiten übergießen, was jedoch nicht zu ihrer Vernichtung geführt hat. Die heutigen Erkenntnisse über die Arbeit der Regenwürmer fallen weit positiver aus, so daß sie inzwischen zu den besonders wichtigen Nützlingen gerechnet werden. Kröten und Schildkröten werden als gute Vertilger schädlicher Tiere gerühmt. Inzwischen sind jedoch auch die letzten noch frei lebenden Schildkröten in unseren Breiten ausgestorben.

Unter den Insekten sind bekanntlich die Raupen auf Kohlpflanzen besonders schädlich. Auch hier gibt es einige interessante Abwehrmethoden, die teilweise durchaus Sinn machen. So wird z. B. empfohlen, die Pflanzen zur Zeit der Eiablage intensiv zu kontrollieren und schon die Eier zu zerdrücken, bevor sie sich zu Raupen entwickeln können. Ferner versuchte man, große Waldameisen mit ihrem Haufen im Garten ansässig zu machen, wozu einige gepflanzte Nadelbäume gehören. Als Polizisten des Waldes gehen diese Tiere bekanntlich mit großem Eifer gegen Raupen vor. Außerdem wird empfohlen, mit geschmolzenem Schwefel präparierte Lappen zwischen den Pflanzen zu verbrennen. Raupen wurden damit getötet und durch den Geruch die Schmetterlinge vertrieben. Bäume schützte man durch Leimringe oder durch Trichtergürtel aus Pappe, die im Inneren stark mit Schweinefett bestrichen wurden, so daß den Schädlingen das Hochsteigen nicht möglich war.

Gegen Schmetterlinge und die folgenden Raupen half fast immer nur das Absuchen und das Abschütteln, was mit enormem Arbeitsaufwand verbunden ist und größere Kulturen kaum retten kann. So ist z. B. die bekannte graubraune Erdraupe ein schlimmer Schädling. Sie frißt bei Nacht oberirdisch Rasen und Blumen und bei Tage unter der Erde die Wurzeln und Stengel ab, und zwar von fast allen Gemüsen, außer Kohl. Man merkt ihr Dasein leider erst, wenn der Schaden schon geschehen und die Wurzel abgebissen ist, nämlich an der welken Pflanze. Gewöhnlich sitzt die Raupe unter der Pflanze und als Gegenmaßnahme kannte man nur, das ganze Beet zu durchsuchen und im Notfall die Pflanzen weiter zu versetzen.

Ein Schädling, mit dem wir uns heute nicht mehr plagen müssen, ist der Maikäfer mit seinen Larven, den Engerlingen. Hierzu heißt es: »Die Engerlinge richten ungeheure Verwüstungen an, verderben den Rasen, fressen Gemüse, junge

Maikäfer sind heute eine Rarität – ganz im Gegensatz zu früher.

Ihre Larven, die Engerlinge, können enormen Schaden anrichten.

Obstbäume, Quitten und viele Gehölze an den Wurzeln ab und vernichten so ganze Baumschulen und junge Obstbaumpflanzungen. Die Vertilgung kann nur durch Aufsuchen der Larven geschehen.« Hierzu grub man an welkenden Pflanzen nach und versuchte, die restlichen Schädlinge zu finden. Wo dies nicht half, blieb nur, planstückweise umzugraben, um die Engerlinge zu finden, wobei Enten und Hühner kräftig helfen konnten. 'n Obstgärten pflanzte man die Lieblingsspeise der Engerlinge, Salat und Erdbeeren, zwischen die Bäume, um so die Insekten anzulocken und zu vernichten. Eine weitere Methode war das Untergraben von stinkendem saurem phosphorsauren Kalk, ansonsten wurden die natürlichen Feinde der Engerlinge nach Möglichkeit angelockt, nämlich Maulwurf, Amseln und Drosseln. Gegen die Maikäfer selbst konnte man nur durch Abschütteln der Bäume vorgehen. Doch heißt es: »Dies ist nur bei kleinen Bäumen möglich und hilft nur, wenn sich ganze Gemeinden zur Vertilgung verabreden.«

Gegen den Erdfloh »Verwüster der Kohlpflanzen, Levkojen, Tropaeolum, Gartenkresse usw.« war bekannt, daß man Fruchtwechsel betreiben und zusätzlich noch die Erde sehr feucht halten sollte. Hierzu wurde vorbeugend starke Mistjauche vor der Saat ausgebracht. In der Vegetationsperiode ging man durch Bestreuen mit Tabakstaub, Asche, Kalk und Ruß vor, ferner mit dem Absud von Knoblauch, Tabak, Wermut und dickem Leimwasser, außerdem durch das Auflegen von Brettern, die mit Teer bestrichen wurden, um die Insekten daran kleben zu lassen.

Kulturverfahren

Zu den Blattläusen heißt es: »Alle Blattläuse sind eine große Plage und mühsam oder nicht zu vertilgen.« Die Wirkung des Tabaks war bekannt und es wird empfohlen, durchnäßte, sehr dicht gewebte Leinwand zu nehmen und daraus eine Art Sack über die Pflanze zu stülpen und dann mit der Tabakspfeife mit starkem Tabak zu räuchern, bis die Läuse tot herabfallen.« Das Räuchern mit Tabak wird auch für Gewächshäuser empfohlen. Zusätzlich heißt es, und dies dürfte nicht ganz neu sein: »Es gibt so viele angeblich helfende Mittel gegen Blattläuse, daß man viele Seiten damit füllen könnte.« Z. B. das Bespritzen mit einem Sud von 1 Lot Cassia und 3 Lot schwarzer Seife, sowie das Bepinseln der Pflanzen mit einem Sud aus Tabak und Asche. Obwohl es auch im 19. Jahrhundert sehr viele Brennesseln gab, scheint die Methode der Blattlausbekämpfung mit Brennesseljauche überhaupt nicht üblich gewesen zu sein.

Dagegen war man mit großem Eifer bemüht, an den Pflanzen den Marienkäfer, auch Blattlauskäfer oder Siebenpunkt genannt, auszusetzen. Man schätzte dessen Larven und auch die Florfliegen, Blattlauslöwen genannt. Um 1850 wurde ein erstes Insektenpulver entwickelt, mit dem man in Gewächshäusern durch Räuchern oder Eintauchen der Pflanze in eine Tinktur vorgehen konnte.

Gegen Schildläuse und Wolläuse gab es kein Mittel außer Abbürsten und Abwaschen der Pflanzen, während die Wollige Schildlaus oder Cochenille extra an Kaktuspflanzen kultiviert wurde, um den roten Farbstoff zu erhalten.

Auch gegen die Gemüsefliegen gab es nahezu kein Mittel; z. B. gegen die Kohlfliege und die Zwiebelfliege, bei der es heißt: »Man bestreut das ganze Land mit Kohlenpulver, läßt jedoch hier und da einige Stellen frei, so daß von der Fliege dort alle Eier abgesetzt werden können.« Und zur Möhrenfliege, die man heute dank Bionetz oder Vlies (beides sehr engmaschige Gewebe) zuverlässig vor heranfliegenden Insekten schützen kann, gab es kein Gegenmittel. Trauriger Kommentar: »Die zerfressenen Rüben werden unbrauchbar für die Küche.« Um den Feind zu vermindern, »zieht man die krank und welk aussehenden Pflanzen aus und füttert sie dem Vieh, damit die übrigen Rüben nicht angegriffen werden«.

Was blieb, waren meistens vorbeugende Maßnahmen, d. h. die Pflege der Nützlinge und die heute so vielfach verspöttelte penible Reinlichkeit und Sauberkeit in den Gärten. So weit möglich, mußte man zahlreichen Insekten Verstecke und Überwinterungsmöglichkeiten entziehen, Stämme der Obstbäume abkratzen, Unratecken und verwitterndes Holz beseitigen. Außerdem den Boden im Herbst schon umgraben und

Oben: Möhrenfliegen schädigen durch Fraß-
gänge.

Rechts: Schädlingsabwehr ohne Gift:
Engmaschige Netze (Vliese) schützen die
Kulturen zuverlässig.

dem Frost aussetzen, wobei bekanntlich zahlreiche Schädlinge zugrunde gehen. Bei der Kompost-
pflege wurde darauf geachtet, daß
Stengel, Blätter, Pflanzenteile sc
aufgesetzt wurden, daß sich eine
Erwärmung vollziehen und die Tiere
abtöten konnte. An Nützlingen waren bekannt als Mäusevertilger:
Eulen, Bussarde, Igel; als Insekten-
vertilger Kröten, Eidechsen, Schlan-
gen, Blindschleichen, Hühner, Enten, Maulwürfe und Spitzmäuse,
Fledermäuse, Laubfrösche, Lauf-
käfer, Marienkäfer, Fliegenkäfer,
Raubkäfer, Schlupfwespen, Florfliegen und die Singvögel Dohlen,
Krähen, Meisen, Spechte, Stare.
Auch gegen Krankheiten war nicht
viel auszurichten. Immerhin, gegen
den Mehltau, den weißlichen Über-
zug von Blättern, Stengeln und
Früchten bei Gemüse, Obst und
Wein kannte man das Schwefeln

durch Verdampfen, Sprühen oder
Ausbringen des Pulvers mit einer
Puderquaste. Schwefelmittel sind
auch heute noch als wirksam aner-
kannt und teilweise in biologischen
Pflanzenschutzmitteln enthalten.
Daß man Pilze in der Erde oder
auch an Pflanzen durch Behandlung
mit warmem Wasser abtöten kann,
wird auch heute noch praktiziert
(z. B. Samenbäder vor der Aussaat).

**Schädlinge und Krankheiten nach
heutigen Methoden bekämpfen**
Unsere Tabelle nennt überwiegend
vorbeugende und umweltfreundliche Maßnahmen. Resistente Züchtungen, in hoch gezüchteten Kulturpflanzen längst zur Regel geworden, um Probleme von vornherein
den Boden zu entziehen, sind bei
den beschriebenen Gemüsearten
naturgemäß kaum möglich.

Schädlinge und Krankheiten

Beachten Sie bitte die Hinweise der Hersteller. Überdosierung vermeiden.

Bezeichnung	Kommt vor an	Schadbild
Blattläuse	fast allen Nutzpflanzen	verkrüppelter Wuchs, feine, helle Saugstellen
Bohnenfliegen	Bohnen im Keimstadium	Fraßgänge in den Keimblättern, Wachstumsstopp
Erdflöhe	Kreuzblütlern (Kohl, Radies, Rettich, Rauke, Löffelkraut)	lückiger Aufgang, an Keimblättern Loch- und Fensterfraß
Erdraupen	Salaten, Kohlpflanzen	nachts Fraß an Wurzeln, Blättern, Stengeln
Gemüsefliegen	Kreuzblütlern, Radies, Möhren, Pastinaken, Kerbelrüben	Fraßgänge, Maden
Kohlweißlinge	Kohlarten	Fraßgänge an den Wurzeln, gelbe Blätter, später Absterben der Pflanze
Weiße Fliegen (Mottenschildläuse)	Kohlarten, Kreuzblütler, Cardy	blattunterseits viele winzig kleine, weiße Falter, Saugstellen
Schnecken	Salatarten, Gurken, Kohl, Rübenarten, Spinat	runde Fraßstellen, Lochfraß, blattunterseits zerstörte Haut
Umfallkrankheit	gekeimten Samen, Jungpflanzen	bräunlich-grau-schwarze eingesenkte Stellen am Wurzelhals und an Stengeln nestartige Ausbreitun
Grauschimmel (Botrytis)	allen Gemüsen	weiß-grauer Pilzrasen auf oberirdischen Pflanzenteilen
Gurkenwelke	Gurken	Blätter und Stengel welken
Echter Mehltau	Gurken, Salaten, Haferwurzel, Pastinaken, Kohl, Zwiebeln	mehlartiger Belag oberseits auf allen oberirdischen Pflanzenteilen
Falscher Mehltau	Salaten, Gurken, Radies, Rettich	blattunterseits grau-brauner Pilzrasen, oberseits gelbe Flecken, durchscheinend
Kohlhernie	allen Kreuzblütlern	verdickte Wurzeln, Kümmerwuchs

Bekämpfungsmaßnahmen – Integrierter Pflanzenschutz

Bei geringem Befall Abspritzen mit scharfem Wasserstrahl oder Brennesseljauche, Einsatz von Marienkäfern, Florfliegen. Spritzen mit Spruzit, Parexan.

Vorkultur der Bohnen in Töpfen unter Glas, Auspflanzen. Überdecken der Beete mit Schädlings-netzen oder Vlies.

Beete feucht halten, Mischkulturen beachten. Stäuben mit Spruzit.

Farnkraut zwischen die Reihen legen. Spritzen mit *Bacillus thuringiensis* (Dipel, Raupenspritzmit-tel). Ködern mit Spruzit-getränkter Kleie.

Reihen in Hauptwindrichtung anlegen. Abdecken der Beete mit Schädlingsnetzen oder Vlies, bis die Gefahr des Zuflugs vorbei ist.

Absammeln von Eiern und Raupen. Spritzen der Bestände mit *Bacillus thuringiensis* (Dipel, Neu-dorf-Raupenspritzmittel).

Vorbeugend Aufhängen von Gelbtafeln. Trockene Luft vermeiden. Blattunterseits mit nützlings-schonendem Mittel spritzen (z. B. Parexan, Neudosan). In Gewächshäusern räuchern mit Pirimor, Einsatz der Schlupfwespe *Encarsia*.

Beete mit rauhem Material wie gehäckseltem Stroh oder Schredderholz absperren. Schon im zeitigen Frühjahr massiv Bierfallen, Schneckenkorn oder Limagard einsetzen. Schneckenzäune errichten. Fangpflanzen setzen.

Nur keimfreie Anzuchterde verwenden, für Licht und Luft sorgen. Gießen mit Chinosol, Polyram-Combi oder AAtiram (Wirkstoff TMTD).

Schwächeparasit. Pflanzen abhärten, Luftfeuchte senken, Kulturbedingungen verbessern. Spritzen mit Neudo-Vital, Euparen, Bayleton.

rde wechseln (vorbeugend). Jungpflanzen auf Unterlagen von Feigenblattkürbis veredeln. älte und Staunässe vermeiden.

emperatur und Lüftung in Gewächshäusern erhöhen. Möglichst resistente Sorten verwenden. Wiederholt spritzen mit Schwefelmitteln, u. a. Pilzvorbeuge, Artanax, Bio-Blatt-Mehltaumittel, etz-Schwefel, Saprol.

uftfeuchte senken. Möglichst resistente Sorten verwenden. Spritzen mit Bio-Blatt-Mehltau-ittel, Artanax.

ruchtwechsel streng beachten – keine Kreuzblütler! Kalkgehalt erhöhen, möglichst über pH 7. etzlinge mit Neudo-Vital angießen.

Kulturverfahren

Samen selbst vermehren

Die meisten der nachfolgend aufgeführten Kulturarten sind aus den verschiedensten Gründen heute aus der Mode, d. h. Saatgut ist sehr schwer zu beschaffen. Es wird also vielfach darauf ankommen, selbst für Nachwuchs zu sorgen, wenn man an einer Art Gefallen findet und sie dauerhaft im Garten ansiedeln möchte.

Bei einer Samenernte unter hiesigen Bedingungen bleibt es nicht aus, daß auch samenübertragbare Krankheiten mit dem geernteten Saatgut weitergetragen werden. Eine entsprechende Saatgutbehandlung vor dem Aussäen ist also durchaus angebracht. Im Bio-Gartenbau wird mit Samenbädern gearbeitet, wobei das Saatgut in einem Aufguß aus Schachtelhalm, Zwiebelextrakt und Baldrian gebadet werden (z. B. »Algan« von Neudorff oder »Wurzelstärkung« von Oscorna). Die so behandelten Samen müssen sofort zurückgetrocknet oder umgehend ausgesät werden. Beim Samennachbau heißt die wichtigste Grundregel: von den besten Pflanzen muß Samen geerntet werden, nicht von dem, was nach der allgemeinen Ernte übrig bleibt. Ansonsten betreibt man eine »negative Auslese«. Dies ist insbesondere wichtig bei Zwiebeln und Stangenbohnen, bei denen es auf die Frühreife ankommt. Als wichtiges Merkmal für die Auswahl zum Samenbau gelten: allgemein guter Gesundheitszustand, frühe Ernte, große Früchte bzw. bei Blattgemüse große Blätter, evtl. – falls feststellbar – Unterschiede im Geschmack. Jede ausgewählte Pflanze erhält ein Bändchen in auffälligen Farben oder einen Stock, um sie zu kennzeichnen. Die Ernährung der Mutterpflanze muß ausreichend sein, d. h. vor allem mit genügend Kali und Phosphor, weil diese beiden Stoffe für die Ausbildung von Blüten und Samen besonders wichtig sind. In biologischen Düngern sind diese Stoffe meistens ausreichend vorhanden. Mit Stickstoff dagegen heißt es sparsam umzugehen, damit sich die Samenernte nicht verzögert und mit gering ausgebildetem Blattwerk für möglichst geringen Krankheitsbefall und günstige Bedingungen bei der Samenernte gesorgt wird.

Lassen Sie den Samen auf der Pflanze ausreifen. Genaue Betrachtungen und etwas praktische Erfahrung lassen bald den optimalen Punkt zur Samenernte erkennen. Achtung: die Samenkapseln öffnen sich bisweilen sehr schnell, der Samen fällt aus und geht verloren. Es ist besser, kurz vor dem optimalen Erntezeitpunkt die jeweils reifen Samen zu pflücken und je nach Art getrennt zu sammeln. Hierfür eignen sich Leinensäckchen oder Gefäße aus Holz und Plastik, jedenfalls mit glattem Boden, die bis zum Dreschen sehr luftig und vor Regen gesichert stehen bleiben. Blütenstände, die sich dem Himmel und damit auch dem Regen entgegenstrecken, muß man eventuell mit einer Plastikplane überbauen. Hierbei sind insbesondere Korbblütler, wie Salat oder die Haferwurzel gefährdet, aber auch diverse Dolden-

blütler und Zwiebelgewächse. Bei einzelnen Pflanzen wird es notwendig sein, die nach und nach reifenden Samen einzeln abzupflücken. Dies setzt eine genaue Beobachtung der Pflanze voraus und gibt gleichzeitig einen Eindruck davon, wie mühsam die Samengewinnung mitunter ist und weshalb dies auch seinen Preis fordert. Andere lassen sich insgesamt abschneiden, sobald sie abgereift sind (aber nicht bei Regen), bündeln und zum weiteren Nachtrocknen an einen geschützten luftigen Platz aufhängen. Nicht aufeinander packen, sonst fängt der Samen an zu schimmeln! Die Samengewinnung von Hand durch Auspalen oder durch Dreschen mit einem Knüppel auf hartem Untergrund bzw. durch Reiben haben Zeit bis zum Herbst oder Winter. Samen, die klamm sind durch hohe Luftfeuchte, bereiten

Bohnentrocknung

Selbst Samen reinigen

Keimtest

Kulturverfahren

hierbei Schwierigkeiten. Eine kurzfristige Lagerung im Heizungskeller erleichtert die Samengewinnung sehr. Die Stengel und Pflanzenteile, Samen und Erdbröckchen sind zunächst noch kräftig miteinander vermischt. Jetzt heißt es, den Samen herauszusondern, was mit einem groben und später einem feineren Sieb keine allzu großen Probleme verursacht. Ohnehin gelangt das Saatgut ja nicht in den Handel, sondern wird für den eigenen Gebrauch benutzt. Infolgedessen müssen die Anforderungen an die Reinheit des Samens nicht allzuhoch gesteckt werden. Durch vorsichtiges Ausschwingen in einer Molle mit einem Rundsieb oder schlicht Durchpusten oder Anblasen mit einem Blasebalg oder Haartrockner (kalt einstellen) bzw. durch Verlesen von Hand, wird das Saatgut ausreichend sauber. Naturgemäß wird die Keimfähigkeit nicht immer hoch sein. Die Keimfähigkeit sollte man im zeitigen Frühjahr ohnehin ermitteln und kann dann entsprechend dichter aussäen. Bohnen und Erbsen testet man am besten in Sand, der in tiefe Suppenteller geschichtet wird. Eine runde Zahl der Samen (50 oder 100) steckt man nun hinein, feuchtet leicht an (Achtung: nicht schwimmend naß halten!) und deckt mit einem 2. Suppenteller ab. Nach wenigen Tagen schon erfolgt bei Zimmertemperatur die Keimung. Nach 8–10 Tagen ist der Keimvorgang beendet und es kann ausgezählt

werden. 85–100% ist gut. Bei 50–85% Keimfähigkeit sollte man ein Drittel mehr geben. Unter 50% ist mit Schwierigkeiten beim Aufgang zu rechnen.

Für feine Samen empfiehlt es sich, einen tiefen Teller mit Löschpapier, Haushaltsvlies oder einem Tempotaschentuch auszulegen und gründlich anzufeuchten, jedoch nur so weit, daß kein Wasser im Teller stehen bleibt. Hierauf dann die Samen zählen und den Teller in einen transparenten Plastikbeutel schieben, verschließen und bei 20–25 °C aufstellen.

Je nach Samenart dauert die Keimung zwischen 8 und 30 Tagen. Die Süßdolde *(Myrrhis odorata)* zählt zu den Kaltkeimern. Ohne vorherige Kühlbehandlung im Freien oder im Kühlschrank (nicht Tiefkühltruhe) bei + 1–4 °C läßt sich kein befriedigendes Ergebnis erzielen.

Aussaat

Den so gewonnenen Samen heißt es nun auszusäen. Die allermeisten Arten sind einfach genug, so daß für sie die ganz normale, direkte Aussaat im Freien in Frage kommt. Es macht jedoch auch Spaß, die eine oder andere Kultur zu verfrühen, so daß die Ernte früher einsetzt oder sicherer wird (z. B. bei Cardy). Alle Details zur Aussaat drinnen und draußen können Sie in dem Taschenbuch »Pflanzenaussaat mit Erfolg« von S. Stein, BLV-Verlag, nachlesen.

Großmutters Gemüsearten

Fruchtgemüse

Azia-Gurken, Senfgurken

Cucumis sativus, Cucurbitaceae

Im Hamburger Raum werden heute noch von Hobby- und Erwerbsgärtnern die sogenannten Azia-Gurken kultiviert: Riesengurken, die etwa 60 cm lang und 4–5 kg schwer werden können. Sie zählen sicherlich zu den größten Gurken der Welt. Ihre Herkunft läßt sich nicht mehr genau belegen. Möglicherweise wurden die Samen von den Hamburger Seeleuten aus Indien mitgebracht, worauf der Name Azia = Asia Gurken hindeutet (im Dänischen wird eine gänzlich andere Gurke so bezeichnet, nämlich die in Deutschland häufige Type 'Riesenschäl').

Die richtige Azia-Gurke reift gelb ab, die Schale ist schwarz bestachelt und nicht ganz eben. Die Hamburger Azia-Gurke stellt hohe Wärmeansprüche und wird aus diesem Grund selten im Freiland, häufig dagegen als Sommernutzung von Frühbeetkästen gezogen.

Da die Azia-Gurken keinen Erhaltungszüchter mehr haben, werden sie, wenn sich niemand um die Art kümmert, innerhalb von wenigen Jahren vermutlich vom Markt verschwunden sein.

Kulturbeschreibung

Der Boden soll sehr humos und warm, durchlässig, der Standort besonders geschützt sein. Wie alle Gurken ist auch die Azia-Gurke für reichliche Gaben von organischem Material dankbar, d. h. für lockere, reichlich mit Humus versorgte Böden und abgelagerten Mist.

Die Aussaat erfolgt direkt auf ca. 20 cm hohe Dämme, in deren Mitte eine Rille für das Saatgut gezogen wird. Alle 30 cm werden 2–3 Körner gelegt und später nur die stärkste Pflanze belassen.

Besser ist es, die Pflanzen unter Glas vorzuziehen, wobei Mitte April ausgesät wird. Am besten in Töpf-

Azia-Gurken sind zum Einmachen beliebt.

52

chen von 6–8 cm Durchmesser, in durchlässige Anzuchterde. Jeder Topf erhält nur 1–2 Samen, so daß sich sehr bald ein Ballen entwickelt, dessen Wurzeln beim Auspflanzen nach den Frösten (Ende Mai) nicht beschädigt werden sollte – Gurken- wurzeln sind empfindlich! Pflanzen- abstand 30 × 1,50 m.

Sehr bald entwickeln sich lange Ranken mit zunächst männlichen, später weiblichen Blüten, die bei schlechtem Wetter mit dem Pinsel bestäubt werden sollten. Bei genü- gend Bienenflug ist dies nicht nötig. Pro Pflanze gelangen nur 1–2 Früchte zur Ausreife.

Auch während der Kultur sind die Bestände sehr dankbar für reichli- che Wasserversorgung (nur mit ab- gestandenem oder angewärmtem Wasser gießen) und für wöchentli- che Düngung mit organischen oder mineralischen Düngern.

Sehr empfehlenswert ist die Kultur auf schwarzer Mulchfolie, wobei An- fang Mai ein mit Dünger versehe- nes, fertig hergerichtetes Beet mit schwarzer, möglichst geschlitzter Mulchfolie überzogen wird. Die Rän- der werden eingegraben oder mit Steinen oder Brettern beschwert. In kreuzförmige Einschnitte wird dann gepflanzt. Die bessere Erwärmung des Bodens fördert die Entwicklung der flach wachsenden Wurzeln und verfrüht die Ernte um 3–4 Wochen. Außerdem ist es möglich, selbst diese Gurken an Maschendraht oder Baustahlgittern klimmen zu

lassen, was enorm an Platz spart und schönere Früchte ergibt.

Verwendung
Die Ernte erfolgt nach dem Abreifen im August/September. Früchte für Salat können bereits kurz nach dem Ansatz entnommen werden. Ausge- reifte Azia-Gurken besitzen ein sehr dickes Fruchtfleisch und einen sehr geringen Kernanteil. Man schält sie, entfernt die Kerne und schneidet das Fleisch in 2–4 cm lange Würfel oder Stücke.

Gurken süßsauer

$^3/_4$ l Wasser und $^1/_2$ l Weinessig werden zusammen mit 1 EL Salz, 250 g Zucker, 6–8 Nelken, 1 Stange Zimt und 2 geschäl- ten und gewürfelten Ingwer- wurzeln zum Kochen gebracht. Man gibt die Gurkenstücke hin- ein und läßt sie 5 Minuten darin ziehen, so daß sie noch reich- lich Biß haben. Anschließend die Gurken in Gläser füllen, den Sud noch etwas einkochen las- sen und erkaltet über die Gur- ken geben. Man verschließt die Gläser mit Zellophan und be- wahrt sie kühl für den Winter auf. Wer möchte, kann das Re- zept auch mit etwas Dill oder Senfkörnern abwandeln.

Fruchtgemüse

Puffbohnen, Saubohnen, Dicke Bohnen

Vicia faba, Leguminosae

Die Puffbohne stammt aus dem Mittelmeergebiet und dem vorderen Orient. Sie zählt zu den wichtigsten Kulturpflanzen, die durch die Römer nach Germanien gebracht wurden und dort große Verbreitung fanden. Die Puffbohne ist bereits im »Capitulare« Karls des Großen als Faba majores genannt. Puffbohnen gedeihen besonders gut in meeresfeuchten Klimaten. Sie haben infolgedessen vor allem in Norddeutschland, in Holland und in England ihr größtes Verbreitungsgebiet behalten, während sie früher über den ganzen mitteleuropäischen Raum verbreitet waren und erst durch den Anbau von Mais, Gartenbohnen und Kartoffeln zurückgedrängt wurden. Während die kleinkörnige Form var. *minua* als Ackerbohne zur Viehfuttergewinnung große Bedeutung erhielt, wurde die großkörnige Form var. *major* zur menschlichen Ernährung genutzt. Es gibt sehr viele Kreuzungen zwischen beiden Formen und einer dritten, der Pferdebohne (var. *equina*), die in Nordfrankreich als Winterfrucht kultiviert wird. Die Equina-Form war im Deutschen Reich weit verbreitet. Die getrockneten Körner waren eine beliebte Speise der körperlich arbeitenden Bevölkerung und die kultivierte Bohne allgemein, bis die amerikanischen Arten der Gartenbohne auftauchten und sie zurückdrängten.

Heute ist dagegen die Nutzung der ausgepalten grünen Kerne allgemein üblich, die in den noch grünen Hülsen verkauft werden. Die Puffbohne eignet sich hervorragend zur Tiefgefrierung und ist regional immer noch ein geschätztes Produkt. Es gibt die Unterteilung in Sorten mit grünen Kernen, die auch nach dem Kochen ihre grüne Farbe behalten und in die weißen, die beim Kochen braun werden. Grüne Samen enthalten zudem weniger Bitterstoffe und sind angenehmer im Geschmack.

Noch heute erhältliche Sorten: 'Con Amore', 'Hedosa', 'Major', 'Hangdown grün' – alle grünkernig, 'Hangdown weiß' – weißkernig.

Kulturbeschreibung

Die Puffbohne stellt wesentlich weniger Ansprüche an die Bodenwärme als die Gartenbohne. Sie verträgt im jungen Zustand Fröste bis −7 °C und gedeiht auch noch in Lagen von 1600 m Höhe. Die Aussaat kann im Weinbauklima bereits im Laufe des Februars, in den übrigen Lagen bis Mitte März/Anfang April erfolgen. Weitere Aussaaten sind möglich bis Anfang Juni. Die Kulturdauer beträgt ungefähr 100 Tage. Der Boden sollte ausreichend feucht sein, kann von Sand bis zu lehmigen Böden reichen, jeweils mit ausreichender Feuchtigkeit. Saattiefe 8–12 cm, sie ist wegen der benötigten Standfestigkeit erforderlich. Pro Aussaatstelle 3–4 Körner im Abstand von etwa 20 cm oder alle 10 cm 1–2 Körner; Reihenabstand 50 cm. Die Pflanzen haben einen hohen Wasserbedarf. Auf wenig fruchtbaren Böden kann mit abgelagertem Stallmist gedüngt werden, ansonsten Mineraldünger (60–80 g pro m² in 2 Gaben). Die Pflanzen sind sehr empfindlich gegen die schwarze Bohnenlaus, die sich insbesondere in den Triebspitzen einnistet und zum Verkrüppeln der später angesetzten Früchte führt. Entspitzen nach dem Ansatz der ersten Hülsen dämmt den Befall ein.

Verwendung

Als Gemüse: Die halbreifen Samen werden ausgepalt und mit etwas Salz gedünstet, anschließend mit einer holländischen Soße als Beilage zu Kartoffelgerichten mit Fleisch (z. B. Kasseler) serviert.

Puffbohnen sind alte Kulturpflanzen.

Als Salat: Die halbreifen Kerne werden in Wasser gekocht, Salz und Pfeffer hinzugefügt, nach Geschmack auch Petersilie oder Liebstöckel in geringer Dosis hinzugeben. Mit geschmolzener Butter oder Öl übergießen.

Als Pürree: Vollreife, getrocknete Körner werden einen Tag vorgequollen und weich gekocht, sodann durch ein Sieb gerührt. Das Pürree wird mit Butter und Rahm vermischt, mit Kräutern bestreut und heiß serviert.

Fruchtgemüse

Türkische Erbsen, Fisolen, Schminkfiets, Perlbohnen

Engl.: French beans
Phaseolus vulgaris, Leguminosae

Die heutige grüne Bohne wurde nach den Entdeckungsfahrten aus Amerika eingeführt. Sie erhielt aber den botanischen Namen, der bis dahin für die in der Alten Welt bekannten asiatischen und afrikanischen Bohnen-Arten (z. B. *Vigna unguiculata*) benutzt wurde, nämlich *Phaseolus*. Von den zahlreichen Sorten, die es um die Jahrhundertwende in Europa gab mit Farben der Samenkörner von braun über schwarzrot gefleckt, purpur und auch weiß sind die meisten Sorten verschwunden oder werden nur noch in Randbereichen kultiviert. So erging es den gesprenkelten Wachtelbohnen, die in geringem Maße in der Steiermark immer noch kultiviert werden und in Italien eine größere Verbreitung besitzen, in der Hauptsache in der Nutzung als Trockenkochbohne (Borlotti).

Ähnlich verhält es sich mit den sogenannten »Türkischen Erbsen«, einer Bohnenspezialität Ostfrieslands und des Hamburger Raumes, die wegen ihres guten Geschmackes und etwas auffälligen Aussehens heute immer noch im Anbau und beliebt ist.

Die Türkische Erbse ist keine Erbse – sondern eine Bohne – mit dem Sortennamen 'Zuckerperl Perfektion'. Sie verkörpert einen Typ, der züchterisch kaum noch verfolgt wird. Der Busch wird ungefähr 30–35 cm hoch und trägt zahlreiche 7–9 cm lange, schlanke und platte Hülsen ohne Fäden, die schon bald eine perlenartig hervortretende Kornmarkierung zeigen. Die Hülse ist hellgrün gefärbt, außergewöhnlich weich im Fleisch, d. h. mit sehr wenig Bastgewebe und verbleibt in diesem Zustand über eine lange Periode. Eine Besonderheit sind die Samenkerne, die mitsamt der Hülse bis kurz vor der Trockenreife verzehrt werden und dabei einen spezifischen angenehmen Geschmack entwickeln.

'Zuckerperl Perfektion' ist relativ widerstandsfähig gegen Bohnenkrankheiten und wird darin erst von modernen Züchtungen übertroffen. Die Standfestigkeit ist gering, so daß sich in der Kultur ein Anhäufeln empfiehlt. Diese Sorte wird besonders gerne für das in Norddeutschland heimische Gericht Birnen, Bohnen und Speck benutzt.

Ähnlich dieser Perlbohne ist eine kletternde Version, die Stangenbohne 'Zuckerperl Prinzeß'. Ihre Hülsen sind etwas größer, ansonsten aber sehr ähnlich. Auch die Verwendung unterscheidet sich nicht von der Buschform. Eine Weiterentwicklung in gewissem Sinne sind holländische Stangenbohnersorten (wie z. B. 'Bertina'), die ebenfalls nur etwa 10–11 cm lang werden und deren Hülsen wie Buschbohnen aussehen, kleine Körner besitzen und in der Abreife ebenfalls das Korn markieren. Diese Hülsen sind allerdings rund, ebenfalls hellgrün, fadenlos, fleischig und zart. Darüber hinaus besitzen sie ein begrenztes Wachstum, so daß relativ kurze Stangen reichen. Ihre Ertragsleistung ist enorm.

'Zucker Perl Perfektion' – Türkische Erbse.

Kulturbeschreibung

Bohnen bevorzugen einen warmen, auch sandigen Boden, der vor allem durchlässig sein muß und insbesondere während der Aussaatzeit die Nässe nicht staut. Sonst neigen die wärmebedürftigen, sauerstoffhungrigen Samen leicht zum Verfaulen. Die Bohne ist als Leguminose zu einem großen Teil Selbstversorger mit Stickstoff, so daß die Düngergaben gering bleiben können (2×40 g Volldünger/m² oder entsprechend organische Dünger). Besonders wirksam ist eine Düngung kurz vor der Blüte, um den Hülsenansatz zu fördern. Zu diesem Zeitpunkt benötigen die Pflanzen reichlich Wasser.

Die Aussaat erfolgt frühestens ab Ende April (in kalten Lagen riskant), ansonsten Mitte Mai bis Mitte Juli. Die Mindest-Bodentemperatur liegt bei 12 °C. Jeweils 3–4 Körner werden in 2–3 cm flache Löcher gegeben, mit Erde bedeckt, so daß sich die entwickelnden Pflanzen später gegenseitig stützen können. Von Horst zu Horst sollte der Abstand 40×40 cm betragen. Auch die Reihensaat ist üblich, wobei der Kornabstand ca. 8–10 cm beträgt und der Abstand zwischen den Reihen 40–50 cm.

Bei Stangenbohnen kennt man nur die Horstsaat, wobei 6–7 Körner rund um eine Stange verteilt wer-

Fruchtgemüse

den. Die Stangen werden jeweils zu
zweit als Pyramide zusammengestellt und mit darüber gelegten
Querlatten stabilisiert oder einzeln
im Abstand von 60–70 cm senk-
recht in den Boden gesteckt. Stangenbohnen sollten allgemein etwas
später (Mitte Mai) und bis spätestens Ende Juni gesät werden, da
ihr Wärmebedarf höher ist und die
Entwicklungszeit etwas länger dauert als bei der Buschbohne. Sie bevorzugen auch etwas schwerere
Böden und benötigen eine höhere
Düngung (3×40 g Volldünger/m²).
Als große Gefahr droht während
des Keimvorganges die Bohnen-
fliege. Dieser Schädling findet seinen Weg auch durch die Erdbedek-
kung hindurch zum keimenden
Saatgut, frißt die Körner und Keim-
blätter auf, so daß sie verkrüppeln
und die Pflanze später eingeht. Als
Schutz bieten sich neben der Bei-
zung vor allem die Vorkultur in Töpfen an, die überdies eine Verfrü-
hung bringt und den Aufgang si-
cherstellt. Auch Schutzvliese können über das Beet gebreitet werden, bis die Gefahr vorüber ist, d. h.
bis die ersten echten Laubblätter
erschienen sind.
Die Buschbohnen werden von verschiedenen Pilz- und Bakterien-
krankheiten heimgesucht, vor allem
von Brenn- und Fettflecken, gegen
die jedoch mit Spritzmitteln sehr
wenig auszurichten ist. Generell
heißt es, möglichst resistente Sorten auszusuchen.

Verwendung

Im norddeutschen Raum ist folgendes Rezept bekannt und beliebt:

Birnen, Bohnen und Speck

Für 4 Personen nimmt man
1 kg Bohnen halbreif, d. h. mit
starker Kernmarkierung, 500 g
Kochbirnen, 500 g getrockneten durchwachsenen Speck,
³/₄ l Wasser, 2 EL Mehl, Salz,
Pfeffer und Petersilie zum Dar-
überstreuen.
Die Bohnen werden gewa-
schen, in Stücke gebrochen
oder geschnitten und zu dem
Speck gegeben, der in Wasser
etwa 60 Minuten gekocht wird.
Nun die gewaschenen und
nicht geschälten Birnen mitsamt dem Stiel, allerdings ohne
Blütenansatz, auf die Bohnen
legen und alles zusammen weitere 20 Minuten kochen lassen.
Den Speck herausnehmen und
in Scheiben schneiden. Die
Bohnen mit Salz, Pfeffer und
Essig abschmecken und eventuell mit einer weißen Mehlsoße
binden. Mit gehackter Petersilie bestreuen. Alles wird zusammen angerichtet und zu
Salzkartoffeln gegeben.

Spargel- oder Flügelerbsen

Engl.: Asparagus-pea
Lotus tetragor olobus, Leguminosae

Die Spargel- oder Flügelerbse wird gelegentlich auch heute noch kultiviert, vor allem in England. Früher besaß sie lokale Bedeutung und war in manchen Gegenden ein häufig gebrauchtes Gemüse, in anderen wieder völlig unbekannt. Die Flüge - erbse ist im südlichen Europa zu Hause. Obwohl der Name auf die erbsenähnlichen Samen und die ähnliche Verwendung hindeutet, gehört sie eher zu den Kleearten. Die Pflanze hat ein attraktives Aussehen mit bräunlich purpurfarbenen Blüten und Blättern von graugrüner Farbe. Die Blätter sind dreigeteilt. Die Pflanze wächst buschig, auf dem Grund kriechend mit Trieben, die ca. 30–40 cm lang sind und auch entsprechend hoch werden können. Der Name deutet auf die Hülsen hin, die – fast viereckig – an den Rändern Ausbuchtungen der Haut tragen, die ihr ein flügelartiges Aussehen verleihen. Sie werden 5–6 cm lang und müssen jung geerntet werden. Der Geschmack ist dann spargelähnlich. Im fortgeschrittenen Zustand werden die Samen schnell hart und verlieren ihre guten Geschmackseigenschaften.

Der Flügelerbse werden hohe Wärmeansprüche nachgesagt, so daß die Kultur in Bergregionen weniger gut gelingt. Im leichten humosen Sand der Lüneburger Heide machte es jedoch keine Schwierigkeiten, die Pflanzen zu ziehen.

Kulturbeschreibung

Direktaussaat: Auf ein gedüngtes Gartenbeet, ähnlich Erbsen oder Bohnen, Mitte April/Anfang Mai. Um der Sommerhitze und dem Austrocknen zu begegnen, die die Abreife der Hülsen enorm beschleunigt, sollte der Boden gut mit Humus, Torf oder Kompost versorgt sein. Reihenabstand 50–60 cm, optimaler Abstand zwischen den Pflanzen 40–50 cm. Zu dichte Saat sollte ausgedünnt werden. Reiser oder Halter an Drähten werden nicht benötigt. Saattiefe 2–3 cm. Daneben ist die Vorkultur unter Glas bekannt. Hierbei empfiehlt sich die Aussaat direkt in Töpfe oder Torftöpfe Anfang April und Auspflanzen gegen Mitte Mai. Idealer Abstand 40 × 60 cm. Die ersten Hülsen sind Mitte Juni reif. Über eine lange Periode hinweg bis Anfang

Fruchtgemüse

September können immer wieder junge Hülsen gepflückt werden.

Verwendung
Die trockenen Samen wurden geröstet und als Kaffee-Ersatz verwendet. Gebräuchlicher jedoch ist die Verwendung als zartes, delikates Gemüse mit einem ungewöhnlichen Geschmack. Man kann sie wie Zuckererbsen zubereiten, d. h. nicht ausgepalt, sondern im ganzen belassen und ca. 5 Minuten lang mit etwas Butter dünsten und als Beilage zu Fleischgerichten servieren.

Die Spargelerbse war weithin bekannt.

Kapuzinererbsen, Capucijners, Graue Erbsen

Pisum sativum, Leguminosae

Diese ungewöhnliche Erbse gehört zu den traditionellen Delikatessen im ostfriesischen, vor allem aber im holländischen Raum. In Samenkatalogen werden unter der Bezeichnung 'Capucijners' mehrere Sorten angeboten, u. a. eine holländische Kuriosität, die blauhülsige Erbsensorte 'Blauwschokkers' mit 5–6 cm langen Hülsen, violetten Blüten, und 80–160 cm Höhe. In Wuchs, Kultur und Aussehen gleichen alle einer Gemüseerbse. In der Verwendung unterscheiden sie sich. Während die blauhülsigen mit kleinen Samenkörnern frisch gekocht und gedünstet auf den Tisch kommen, wartet man bei der grünhülsigen Grauen Erbse auf die Samenreife. Getrocknet werden deren braungraue ziemlich große Samen in den Handel gebracht und als deftige Spezialität im Herbst und Winter gegessen.

Kapuzinererbsen, eine ostfriesische Spezialität.

Der Samen ist nur im Lebensmittelhandel entlang der Küste zu finden, in einem relativ eng begrenzten Raum etwa zwischen Westerstede, Norden, Aurich und dem Rheiderland.

Kulturbeschreibung

Anzucht und Pflege unterscheiden sich nicht von der einer der normalen Gemüseerbse, d. h. man sät etwa Anfang April direkt ins Freie in Saatrillen von 30 cm Abstand, im Abstand von 3–4 cm hintereinander und ca. 2 cm tief. Der Boden sollte genügend abgetrocknet sein, damit die Samen nicht im Boden verfaulen. Erbsen benötigen relativ wenig Düngung. Sie stehen gerne in zweiter Tracht. Bei Mineraldüngung genügen 40–50 g pro m², als Kopfdüngung gegeben, wenn die Pflanzen etwa handhoch sind.

Verwendung

Die Erbsen können frisch gegessen werden. Allerdings sind die abgereiften Erbsen aus der Hülse gepalt wesentlich schmackhafter.
Rezepte, wie sie für Linsen üblich sind, passen zur Kapuzinererbse.

Ein ostfriesisches Rezept:
Graue Erbsen mit Speck

Man benötigt dazu für 4 Personen: 250 g Kapuzinererbsen, 250 g durchwachsenen Speck, 250 g Zwiebeln, 2 Möhren, 2 Stangen Porree, 40 g Butter, Salz und $1/2$ l Wasser.
Die über Nacht vorgequollenen Erbsen bringt man zusammen mit den Möhren und dem Porree bei kleiner Hitze zum Kochen (bei großer Hitze würden die Erbsen platzen).
In einer Pfanne den gewürfelten Speck ausbraten und in einer separaten Schüssel servieren. In einer weiteren Pfanne brät man die Zwiebeln in Butter knusprig braun. Alles wird getrennt serviert, noch mit Salz und nach Belieben mit Senf gewürzt. Eine beliebte ostfriesische Beigabe sind eingelegte Essigpflaumen mit Saft. Wer dieses Essen zu schwer findet, kann Kartoffeln dazu geben.

Wurzelgemüse

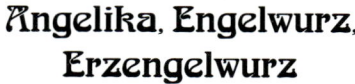

Angelika, Engelwurz, Erzengelwurz

Angelica archangelica, Umbelliferae

Die Engelwurz ist in den Alpen zu Hause. Insbesondere verbreitet ist die Waldengelwurz *(Angelica sylvestris),* die in Gräben und Wiesen vorkommt. Die dekorative Pflanze hat ausdrucksvolle geteilte Blätter von 30–60 cm Länge und mit einem sehr dicken hohlen Stamm, der 1–1,40 m hoch wird.

Die Engelwurz hatte nie eine große Bedeutung, fand sich jedoch in wenigen Exemplaren bis auf den heutigen Tag in zahlreichen Bauern- und Apothekergärten.

Kulturbeschreibung

Die Engelwurz benötigt einen humusreichen, nährstoffreichen und tiefgründigen Boden. Zwei Kulturmethoden sind üblich. Entweder wird der Samen im Frühjahr direkt ausgesät, wobei Ende April bis Anfang Mai die günstigste Zeit ist. Oder auch Vorkultur in Frühbeetkästen oder im Gewächshaus und spätere Auspflanzung ist möglich, dabei ist der beste Saattermin Anfang März. Der Aufgang ist zögernd und zieht sich über einen Monat hin. Aber auch im Sommer oder Frühherbst kann mit gerade geernteten Samen gesät werden. Diese Methode mit Herbstpflanzung ist insbesondere für erwerbsmäßigen Anbau vorzuziehen, da sie die höchsten Erträge liefert. 1 g Samen ergibt ungefähr 25 Pflanzen. Saattiefe: 2–3 cm. Als Pflanzweite empfiehlt sich 60 × 40 cm.

Die Blattstiele der Engelwurz schmecken fruchtig.

Wurzelgemüse

Die Ernte der Blätter und Stiele, die als Gemüse verwertet werden, ist im ersten und zweiten Jahr möglich. Spätestens im dritten bilden sich die Samenstengel aus. Die Engelwurz wird kaum von Krankheiten befallen, auch nicht von Schädlingen. Sie ist daher im Anbau problemlos.

Zum Herausholen der Wurzeln kann man auf größeren Flächen einen Pflug einsetzen, ansonsten den Spaten. Um besonders kräftige Wurzelstöcke zu erzielen, sollte man die Blütenbildung im ersten Jahr verhindern, d. h. die Stengel ausbrechen.

Verwendung

Die geschälten jungen Blattstengel schmecken roh oder kandiert angenehm fruchtig. Der Wurzelstock wird etwas zerkleinert und an der Luft getrocknet, bis die Wurzeln brüchig werden.

Die getrockneten Wurzeln *(Radix angelicae),* die viele ätherische Öle und Bitterstoffe enthalten, werden wie die Samen pharmazeutisch genutzt und zwar hauptsächlich zur Likörherstellung. Die Blattstiele nimmt man zum Kandieren und die Blätter in mehreren Gegenden Europas als gedünstete Beilage zu Kartoffel- und Fleischgerichten.

Hafer- oder Weißwurzel

Engl.: Salsify
Tragopogon porrifolius, Compositae

Die Haferwurzel gleicht im oberirdischen Aussehen der Schwarzwurzel, mit der sie eng verwandt ist. Allerdings sind die Blüten nicht gelb, sondern blaßrot. Die Wurzeln besitzen eine weiße Farbe. Ihr Geschmack ist etwas weniger ausgeprägt als bei der Schwarzwurzel, die heutzutage die Haferwurzel fast ganz verdrängt hat. Der Grund: schon im 19. Jahrhundert heißt es

»sie sind aber bei uns nicht so beliebt, da sie oft einen holzigen Kern haben«. Lediglich in England hat sich ein Anbau in bescheidenem Rahmen erhalten. Dort wird sie auch als »Vegetable oyster« (Gemüseauster) bezeichnet, was auf den schwachen, angenehmen Duft hinweist, den die Pflanze beim Kochen ausströmt. Die Haferwurzel ist in Europa zu Hause, wird einjährig ge-

Wurzelgemüse

Links: Die Haferwurzel entwickelt im 2. Jahr ausdrucksvolle Blüten.

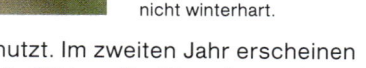

Unten: Die Wurzeln ähneln Schwarzwurzeln. Sie sind nicht winterhart.

nutzt. Im zweiten Jahr erscheinen die Blüten. Die Wurzeln werden 20–25 cm lang und ca. 2,5 cm dick.

Kulturbeschreibung

Die Kultur gleicht in allem derjenigen der Schwarzwurzel, d. h. Aussaat an Ort und Stelle im Freiland auf Beete mit tief gelockertem Boden, dünn verteilt in Reihen von 25–30 cm Abstand. Saattiefe 2–3 cm, ca. 1,5 g Samen pro m². Später werden die Pflanzen verzogen auf einen Abstand von 5–6 cm.
Die Ernte erfolgt im Spätherbst. Die Wurzeln sind nicht genügend winterhart, um sie auch im Winter aus dem Freien ernten zu können, daher schlägt man sie im Keller in Sand ein.

Verwendung

Die Wurzeln werden geschält und gedünstet, anschließend mit einer weißen Soße als Beilage zu Fleisch- und Kartoffelgerichten serviert.

Pastinake, Pastinak, Hammelsmöhre

Er gl.: Parsnip
Pastinaka sativa, Umbelliferae

Die Pastinake ist in Europa heimisch. Sie war in einigen Gegenden Deutschlands sehr beliebt, z. B. in Ostpreußen. Heute zählt sie zu den selten verwendeten Wurzelgemüsen und findet wegen ihrer aromatischen Geschmackseigenschaften Verwendung in der Trockenindustrie, d. h. für Suppen und für Babynahrung, weil sich das wie in der Möhre enthaltene Carotin leichter vom Körper aufschließen läßt. Als Frischgemüse wird die Pastinake heute hauptsächlich in England verzehrt, wo auch die größten züchterischen Anstrengungen gemacht werden, damit die Wurzeln glatter und länger, weißer und resistent gegen den sogenannten Krebs werden, d. h. gegen rostbraune Stellen an der Wurzel, die sich krebsartig ausbreiten. Zu den besten Sorten, die zur Zeit im Samenhandel erhältlich sind, zählen 'Lange weiße', 'Suttons Student', 'White Gem' und 'Gladiator F 1 Hybride'.

Die Pastinake entwickelt bis zum Spätherbst eine lange, weiße, rettichförmige Wurzel, deren Fleisch aromatisch schmeckt, ähnlich Sellerie. Die Ernte erfolgt im Spätherbst oder nach der Überwinterung im Boden bis März/April. Das bis 1 m hoch werdende kräftige Laub erinnert äußerlich an Sellerie. Die Blätter sind jedoch größer und leicht behaart, von rauher Struktur. Die Pflanzen lieben leichten, tiefgründig gelockerten Boden und sonnigen bis halbschattigen Standort.

Kulturbeschreibung
Die 4–5 mm großen, flachen, runden Samen lassen sich mit der Hand leicht aussäen, zeitig im Frühjahr, ähnlich den Möhren im März oder April, sobald der Boden abgetrocknet und bearbeitungsfähig ist. Saattiefe 2 cm, Reihenabstand 40 bis 60 cm, dünn säen und später auf ca. 10–15 cm verziehen. Große Nässe während des Aufganges verzögert die Keimung, so daß bis in den Sommer hinein immer noch Sämlinge auflaufen. Der Nährstoffbedarf ist ziemlich hoch. Bis spätestens Anfang September benötigen die Pflanzen 2–3 Volldüngergaben zu je 40 g oder entsprechenden organischen Dünger, jedoch keine direkte Mistgabe, wegen der Gefahr des Möhrenfliegenbefalls.

Wurzelgemüse

Verwendung

Die Wurzeln werden geschält und gekocht. Man verwendet sie für Suppen oder als Gemüse.

Als Gemüse werden die Wurzeln gewürfelt und in Butter gedünstet, eventuell mit Möhren und Petersilienwurzeln zusammen. Mit etwas Liebstock oder Maggiextrakt gewürzt, paßt dieses Gemüse hervorragend zu Wild.

Als Salat werden die Rüben geraspelt und mit etwas Zitronensaft, Essig und Öl, Joghurt, Rahm oder einem der käuflichen Dressings als Salat serviert.

Gebackene Pastinaken: Die Rüben werden halbweich gekocht, so daß sie noch etwas Biß haben, in Scheiben geschnitten, mit Ei und Paniermehl umhüllt und in Öl oder Butter goldgelb ausgebacken.

Pastinaken ergeben außerdem ein hervorragendes Pferdefutter, das überdies den Vorteil hat, daß man es den ganzen Winter über dem Boden entnehmen kann.

Pastinaken vertragen Frost.

Mairübe, Wasserrübe, Speiserübe, Räbe

Engl.: Turnip
Brassica napus, Cruciferae

Zu den Speiserüben zählen drei unterschiedliche Erscheinungsformen:
1. die runde Mairübe mit reinweißen, weißvioletten oder goldgelben Wurzeln,
2. die lange kegelförmige Herbstrübe, auch Stoppelrübe genannt, die es in weiß, gelb oder mit violettem Kopf gibt und wegen ihres aufdringlichen Geschmacks nie zu den besonders geschätzten Gemüsen

gerechnet wurde, sondern als Viehfutter Verwendung fand und teilweise auch als schnellwüchsige
Gründüngung genutzt wird.
3. Außerdem das kleine halblange
Teltower Rübchen, auf das geson-
dert eingegangen wird.
Die Mairübe gehört zu den ältesten
Gemüsen der Menschheit. Sie
stammt aus dem Mittelmeerraum
oder Kleinasien. Das Laub wird ca.
30 cm hoch. Man nutzt die runden
oder flachrunden Rüben im jungen
Zustand, d. h. mit einem Durchmesser von 4–7 cm. In Deutschland besitzt sie nur noch lokale Bedeutung,
wird jedoch in der Schweiz, im
nördlichen Italien und vor allem in
Frankreich (von dort als »Navet« auf
unsere Märkte gelangend), in England und im finnisch-baltischen
Raum durchaus noch in größerem
Maße genutzt. Es gibt eine Vielzahl
von Sorten für Speisezwecke. De in
Deutschland verbreitetsten sind:
'Holländische weiße', 'Goldball',
'Runde weiße rotköpfige'. Letztere
Sorte gibt es als 'Mailänder' in einer
gemüsebaulich genutzten Gärtner-
qualität. Eine gröbere, landwirt-
schaftlich genutzte Form mit weniger gutem Geschmack hat im Züri-
cher Raum eine besondere Nutzung
erfahren. Im Herbst höhlen Kinder
die Rüben aus, gestalten damit
phantasievolle Köpfe, die durch
eine innen befestigte Kerze be-
leuchtet werden. Die »Räbeliechtli«-
Umzüge haben vielerorts volksfest-
ähnliche Ausmaße angenommen.

Mairüben – für viele eine Delikatesse.

Kulturbeschreibung

Der Anbau ist so einfach wie der
der Radieschen. Man sät möglichst
dünn in Reihen von 20–25 cm Abstand. Saattiefe 1–2 cm. Mairüben
können Mitte März bis Anfang April
gesät werden. Sie benötigen eine
Entwicklungszeit von 4–6 Wochen.
Spätere Saaten während des Sommers laufen Gefahr, schnell in Blüte
zu schießen. Außerdem wird der
Geschmack zu kräftig. Eine zweite
Aussaatperiode Mitte Juli bis Mitte
August liefert noch schmackhafte
Rüben für die Herbsternte. Mairüben können ohne weiteres auch
im Frühbeet oder Gewächshaus kultiviert werden, sogar während des
Winters. Geschmacklich verfeinert
und angenehmer im Geschmack
sind die aus Fernost zu uns gelangten Mairübensorten, wie z. B. 'Tokyo
Cross F 1 Hybride'. Da die Mairüben
leicht von Kohlfliegen befallen wer-

Wurzelgemüse

Kinder höhlen die Rüben aus und verzieren sie. Mit Lichtern darin geht es zum Umzug.

Mairüben französisch

500 g geschälte Mairüben werden zunächst in einer Pfanne in Butter gebräunt, bis sie bei mäßiger Hitze goldbraun gefärbt sind. 1 TL Zucker, Salz und etwas Pfeffer werden jetzt hinzugegeben und in der Pfanne gerührt. Zusätzliche Würze liefert $^1/_4$ l Hühnerbrühe. Nach weiteren 20 Minuten sind die Mairüben weich und werden auf einem Teller beiseite gelegt. In der Zwischenzeit fügt man dem in der Pfanne verbleibenden Grund 2 TL süßen Senf hinzu, rührt und schmeckt ab. Die Mairüben werden nun wieder zugegeben, erhitzt und mit gehackter Petersilie überstreut serviert. Paßt zu Lamm, Schweinefleisch, Kasseler, Kotelett.

den, empfiehlt es sich, bei späteren Aussaaten (ab Mitte April oder im Herbst) die Kulturen durch aufgelegte Netze zu schützen. Im Herbst geerntete Rüben lassen sich im kühlen Keller oder in einer Kiste mit Sand über längere Zeit lagern. Im letzten Jahrhundert war auch die Treiberei üblich, d. h. eingelagerte Rüben wurden mit Sand bedeckt und der Wärme ausgesetzt, so daß sich sehr bald gebleichte Stengel und Blätter entwickelten. Sie wurden als zartes Frühjahrsgemüse verspeist.

Als Mitglied der Kohlfamilie werden die Mairüben ebenfalls leicht von Kohlhernie befallen. Dies ist zu beachten im Hinblick auf die Fruchtfolge, wenn andere Kohlarten im Garten angebaut werden sollen. Auf schweren Böden mit hohem Kalkanteil gibt es kaum Probleme.

Verwendung

Die angenehm schmeckenden, süßen japanischen Sorten sind besonders delikat als Rohkostsalat. Ihr Geschmack ist kohlrabiähnlich. Die europäischen Sorten besitzen einen etwas strengeren Geschmack von besonderer Eigenart, der jedoch von vielen geschätzt wird. Die Rübe sollte geschält werden, da in den äußeren Schichten härtere Pflanzenzellen sitzen. Das Innere ist gewöhnlich zart und saftig. Man kocht die Rüben in Scheiben geschnitten, gewürfelt oder ganz 20–30 Minuten

lang und serviert sie mit Butter oder in einer Sahnesoße, die mit Schnittlauch oder Frühlingszwiebeln gewürzt ist. Delikat sind Mairüben auch in Streifen geschnitten und zusammen mit Möhren in gebräunter Butter serviert. In der Schweiz werden die Räben auch geraspelt und ähnlich Sauerkraut konserviert. In Frankreich werden die jungen 3 bis 5 cm großen Mairübchen in Zucker und süßem Senf gebräunt.

Teltower Rübchen

Franz.: Navet Petit de Berlin
Brassica campestris var. *rapa, Cruciferae*

Nahe verwandt mit den Mairüben und Herbstrüben ist die um Berlin in der Mark Brandenburg beheimatete Teltower Rübe. Sie entstand wahrscheinlich durch Selektion aus einer kleinen gelbfleischigen polnischen Rasse, der 'Piedrowski'. Vilmorin beschreibt die echte Teltower allerdings als weißfleischig (1835). Die bauchig verdickten Rübchen werden 7–10 cm lang und 3–3,5 cm dick. Sie entwickeln ein kleinblättriges Laub, festes Fleisch und besitzen einen würzigen feinen, leicht süßen Geschmack. Saatgut des echten märkischen Typs ist bereits

in der Bundesrepublik nicht mehr erhältlich, wohl aber die polnische Ausgangssorte.

Kulturbeschreibung
Die Teltower Rübchen sind anspruchslos und gedeihen am besten auf einem sandigen, leichten, humosen Boden. Man kann sie zwar auch im Frühjahr säen, gebräuchlich ist jedoch die Kultur als Nachfrucht mit Aussaat Anfang bis Mitte August in Reihen von 20 cm Abstand. Man sät dünn und fortlaufend aus (Saattiefe 2–2,5 cm) und vereinzelt später auf 10 cm Abstand. Die Ernte

Wurzelgemüse

Teltower Rübchen süßsauer

400–500 g Teltower Rübchen
werden geputzt, d. h. das Blattgrün entfernt und kräftig ge-
bürstet oder gewaschen.
Junge Rüben braucht man
nicht zu schälen, bei älteren ist
es empfehlenswert. Man kann
sie würfeln, in Scheiben belassen oder auch ganz in Salzwasser dünsten. Kochzeit 15–20
Minuten, die Rübchen sollten
noch etwas Biß haben. Man
schmeckt sie mit Zucker und
Essig ab, würzt mit etwas Nelken, Petersilie und weißem und
schwarzem Pfeffer nach.

Teltower Rübchen in Weißwein

Paßt auch zu Mairüben. Die Rüben in Scheiben oder Streifen
schneiden und ca. 5 Minuten
dünsten. Dann gibt man 3–4 EL
trockenen Weißwein und $\frac{1}{2}$ TL
Salz dazu und gart alles bei
kleiner Hitze. Abschmecken
mit weißem Pfeffer. Kochzeit
10–15 Minuten.
Gut geeignet ist auch das bei
den Mairüben genannte Re-
zept, wobei im deutschen Gebrauch der Senf entfällt und
durch in der Pfanne ange-
bräuntes Mehl ersetzt wird.

erfolgt im Oktober/November. Die
Rüben lassen sich sehr gut für den
Winterverzehr in mit Sand gefüllten
Kisten geschichtet lagern. Auch
eine frostfrei gehaltene Freiland-
miete ist brauchbar.

Verwendung
Teltower Rübchen zählen zu den
Delikatessen. Sie galten dem Fein-
schmecker Goethe als die feinste
Rübenart und Leckerbissen. Sie
passen als Gemüsebeilage zu ge-
bratenem Fleisch, zu Ente und
Hammelbraten.

Goethe schätzte Teltower Rübchen sehr.

Kerbelrübe, Kälberkopf

Engl.: Turnip rooted chervil
Chaerophyllum bu'bosum, Umbelliferae

Die Kerbelrübe war in Mittel- und Osteuropa verbreitet und ist von dort nach Deutschland gelangt. Es gibt eine sibirische Abart *(Chaero-phyllum prescottii),* die man noch im Frühjahr aussäen kann mit einer Rübenlänge von 20–22 cm und geteiltem, spindelförmigen Wuchs. Geschmacklich ist die deutsche Kerbelrübe *(Chaerophyllum bulbosum)* angenehmer. Sie muß im vorigen Jahrhundert sehr beliebt gewesen sein, denn schwärmerisch heißt es in Jägers Gartenbuch: »Sie ist das köstlichste Wurzelgemüse, besonders gut in Suppen und geschmort besser als Kastanien zu Kohl«. Die Pflanzen wachsen wild in feuchten Wäldern, Waldrändern und an Flußufern. Sie werden bis zu 2 m hoch, gedeihen ein- oder mehrjährig und entwickeln Wurzeln die rüben- oder knollenförmig sein können, ca. 10 cm lang, 3–6 cm dick und sehr aromatisch.

Kulturbeschreibung

Die Kerbelrübe bevorzugt sandigen und moorigen Boden. Auch Lehmboden ist geeignet. Austrocknen wird schlecht vertragen. In der Fruchtfolge steht sie im Garten an zweiter oder dritter Tracht. Der Samen verliert schnell seine Keimkraft. Es gibt verschiedene Kulturverfahren. In der Regel wird im Herbst geerntet und sofort gesät. Die beste Aussaatzeit ist von September bis Dezember, da der Samen zu den Kaltkeimern gehört. Während des Winters liegt er gequollen und keimt während der Frühjahrsmonate, allerdings ziemlich unregelmäßig, und der Aufgang bereitet bei Trockenheit oft Schwierigkeiten. Man kann auch noch im Februar oder März säen, sollte dann den Samen aber vorquellen und kühlen Temperaturen im Freien aussetzen. Der Reihenabstand beträgt ca. 25 cm. In der Reihe wird auf 5 cm vereinzelt. Bereits im Mai sterben die Pflänzchen ab und haben bis Ende Juni Rüben entwickelt. Meist bleiben die im ersten Jahr geernteten Rübchen sehr klein, so daß eine zweijährige Kultur mit den erbsen- bis haselnußgroßen Knöllchen notwendig wird, um genügend große zum Verzehr geeignete Rüben zu erhalten. Man bewahrt sie in Sand geschichtet auf und legt sie im August/Sep-

Wurzelgemüse

Kerbelrüben – ein ausgezeichnetes Wintergemüse.

frühzeitig zu Stengelbildung neigen. Einjährige Kultur ist möglich, gelingt jedoch nur unter optimalen Verhältnissen.

Die geernteten, zum Verzehr bestimmten Knollen bewahrt man in Sand geschichtet bis zum Verbrauch auf. Sie werden durch Lagerung schmackhafter und gelten als ein vorzügliches Wintergemüse, das von November bis März verzehrt wird.

tember in ca. 20 cm entfernte Reihen aus, bedeckt sie etwa ca. 10 cm hoch und drückt sie fest. Die kleinen runden Knollen sind den größeren vorzuziehen, weil diese schon

Verwendung

Man röstet oder kocht sie wie Kartoffeln. Das Fleisch ist mehlig und süß mit einem besonders guten, aromatischen Geschmack.

Rapontika, Nachtkerze

Engl.: Evening Primrose
Oenothera biennis, Oenotheraceae

Rapontika ist nicht zu verwechseln mit der Rapunzel-Glockenblume *(Campanula rapunculus)*. Die Nachtkerze, eine häufige Erscheinung an Wegrändern, Schuttplätzen und Gebüschen ist ursprünglich in Peru beheimatet, die nahe Verwandte *Oenothera missouriensis* im südlichen Nordamerika. Wahrscheinlich ist sie aus Gärten ausgewandert

und verwildert. Offensichtlich hat sie sich unserem Klima gut angepaßt. Die großen, gelben attraktiven, stark duftenden Blüten öffnen sich in den Abendstunden und schließen sich über Mittag. Im ersten Jahr bildet sich eine fleischige verästelte Wurzel mit rosettenartig angeordneten Blättern. Die Kultur hat offensichtlich niemals größeren Umfang angenommen, wird jedoch als Spezialität in alten Gartenbüchern erwähnt. Die Wurzel ist vom Herbst bis Mai eßbar. Sobald die Blütenbildung beginnt, verholzt sie und wird damit unbrauchbar.

Kulturbeschreibung

Die Pflanzen bevorzugen einen sandigen tiefgründigen Boden und sind auch ansonsten anspruchslos. Sie verlangen lediglich eine leichte Düngung im Herbst und stehen in der Fruchtfolge in zweiter Tracht, also nicht direkt Mist geben. Beliebt ist Rapontika als Nachkultur, nach Frühkohl, Kohlrabi oder Salat. Man sät dünn in Reihen und verzieht auf 15–18 cm Abstand, Reihenentfernung 20–25 cm, Saattiefe 1–2 cm. Man kann auch bereits ab April bis Ende Mai säen und die Sämlinge verpflanzen. Diese Kulturmethode liefert besonders starke Wurzeln. Beim Verpflanzen ist es günstig, die Seitenwurzeln abzuschneiden.

Verwendung

Die 15–18 cm langen Wurzeln werden in der Küche wie Schwarzwurzeln oder Haferwurzeln zubereitet d. h. geschält, gedünstet und mit einer weißen Soße angerichtet gereicht. Man kann sie auch fein raspeln oder in Streifen schneiden und nach Selleriesalatrezepten zubereiten.

Die duftende Nachtkerze besitzt eßbare Wurzeln.

Wurzelgemüse

Rapunzel-Glockenblume, Rapunzelrübe

Engl.: Rampion
Campanula rapunculus, Campanulaceae

»Rapunzel, Rapunzel . . .« beginnt ein altes Kinderlied. Dazu ist ein Mädchen abgebildet mit einer Glockenblume, ein Hinweis auf diese alte Kulturpflanze, die bereits im Kräuterbuch von Hieronimus Bock (1546) abgebildet ist.

Die gleiche Bezeichnung »Rapunzel« ist auch für Feldsalat üblich. Die Verwechslung ist wahrscheinlich dadurch zustande gekommen, daß die Blattrosetten der jungen Pflanzen in beiden Fällen eßbar sind und ein ähnliches Aussehen haben. Hier handelt es sich jedoch um eine Glockenblumenart, die ursprünglich als in Mitteleuropa vorkommendes Wildkraut gesammelt und als begehrter Wintersalat gegessen wurde. Später wurde sie wahrscheinlich von den Mönchen sehr häufig angebaut.

Die Rapunzel-Glockenblume bildet im Herbst des ersten Jahres eine kleine Blattrosette mit fingerdicken, fleischigen Wurzeln, die geerntet und roh verzehrt werden. Im zweiten Jahr erscheint ein verzweigter Blütentrieb mit zahlreichen hellblauen Blüten, die von Juni bis August erscheinen.

Kulturbeschreibung

Die Pflanzen benötigen einen guten Boden, der humos und feucht sein sollte. Auf trockenen Böden erscheinen die Blüten zu früh, wodurch die ohnehin nicht allzu großen Wurzeln ungenießbar werden. Etwas Schatten ist durchaus von Vorteil. Der Samen ist sehr klein und sollte mit etwas Sand oder Sägespänen vermischt werden, damit die Aussaat dünn genug ausfällt. Bester Saatzeitpunkt ist Anfang Mai. Reihenabstand 25–30 cm. Innerhalb der Reihe wird auf etwa 10 cm Abstand verzogen. Saattiefe 0,5–1 cm. Beim Gießen muß darauf geachtet werden, daß der feine Samen nicht ausgewaschen wird, also mit feiner Brause arbeiten. Die Keimung erfolgt nach 10–14 Tagen. Verpflanzen verträgt die Rapunzel-Glockenblume schlecht. Zu frühe Aussaaten neigen dazu, in Blüte zu schießen, weshalb eine zweite Aussaat im Juni für die Ernte im Herbst angebracht ist.

Verwendung

Die jungen Blätter können als Salat verwendet werden, ähnlich wie

74

Feldsalat. Die fleischigen und dikken Wurzeln von etwa 1 cm Durchmesser sind im Oktober/November erntefähig. Die Pflanze verträgt ohne weiteres tiefe Temperaturen, daher kann die Ernte auch ohne besondere Vorkehrungen auf die Wintermonate ausgedehnt werden. Der Ertrag liegt bei 1,6–2 kg pro m². Auch die fleischigen Wurzeln werden in Scheiben geschnitten und in Mischsalaten verzehrt. Die Blätter kann man auch wie Spinat zubereiten. Außerdem werden die Wurzeln, die einen fein aromatischen Geschmack besitzen, gekocht z. B. nach Rezepten, wie sie bei den Teltower Rübchen genannt wurden.

Rapunzel-Glockenblume

Salatrübe, Rahnen, Randen

Eng.: Red Beet
Beta vulgaris, Chenopodiaceae

Die roten Rüben sind aus einer gemeinsamen Wildform entstanden mit Mangold, Runkelrüben und Zukkerrüben. Diese Wildform findet man heute noch an den Küsten Europas. Funde aus einer jungsteinzeitlichen Küstensiedlung in Nordholland zeigen, daß die Urform *Beta vulgaris* schon um etwa 2000 v. Chr. bekannt war. Wahrscheinlich wurden damals die Blätter verwertet. Von den Roten Rüben hat es sehr frühzeitig bereits runde, lange, goldgelbe und auch weiße Formen gegeben, die heute noch auf dem Markt, aber sehr selten geworden sind (z. B. Sorte 'Golden Beet', gelb, und 'Albina Vereduna', weiß).

Wurzelgemüse

Diese Rüben schmecken herrlich süß.

Die roten Züchtungen haben sich seit dem letzten Jahrhundert weniger äußerlich, wohl aber in der Innenqualität stark verändert. Die ursprünglich vorhandenen ringförmigen Aufhellungen sind durch Auslese verschwunden, so daß heutige Züchtungen gleichmäßig rot gefärbt sein sollen. Die ältere Form, so wie sie in Großvaters Garten gestanden haben mag, befindet sich heute noch als Landsorte in der Südschweiz und Italien. Saatgut ist unter dem Namen 'Basano' oder

'Chioggia' lokal erhältlich. Diese Pflanzen entwickeln breitrunde Rüben von 8–10 cm Durchmesser mit einer abgesetzten, jedoch noch relativ dicken Wurzel und einer glatten, stumpfroten Außenhaut. Die zahlreichen Blätter sind rot gesprenkelt. Besonders hervorzuheben ist das Fleisch, das außergewöhnlich wohlschmeckend ist und insbesondere eine Verwendung als Salat, also roh genossen, nahelegt. Deutlich abgesetzte weißrote Zonen lassen diese Rüben interessant aussehen. Die Reifezeit ist früh.

Kulturbeschreibung
Rote Rüben bevorzugen einen feuchten, tiefgründig mit Humus versorgten und eher festen Boden, der jedoch auch sandig sein darf. Sie gedeihen auch noch im Halbschatten. Die Aussaat erfolgt wegen der Schossergefahr nicht zu früh (Mitte April bis Mitte Mai), kann aber bis in die ersten Augusttage hin ausgedehnt werden. Bei den späten Säterminen werden die Früchte allerdings nicht mehr so groß. Mitunter ist dies sogar gewünscht, wovon die konserviert erhältlichen »Baby Beets« zeugen. Die zeitige Ernte mit Früchten, die nicht mehr als 4–5 cm Durchmesser aufweisen, ist noch in zahlreichen Ländern üblich, z. B. in Holland, England, Polen und Nordamerika, während bei uns die Roten Rüben zumeist ausgewachsen geerntet werden. Dies ist schade, denn die jun-

gen Rüben sind besonders angenehm im Geschmack und zart.
Der Samen wird in kleinen Knäueln
geliefert, die 2–4 Samen enthalten
und auch gemeinsam aufgehen. Gesät wird fortlaufend in Reihen, möglichst dünn. Der Reihenabstand
sollte 25–30 cm betragen. Nach
dem Aufgang kann man verziehen
auf Abstände von 8–10 cm von
Pflanze zu Pflanze. Bei genügend
dünner Saat erübrigt sich diese
Maßnahme. Während der gesamten
Kultur muß reichlich gegossen werden. Zu trockener Stand zieht
Schädlingsbefall nach sich, wobei
insbesondere Erdflöhe nach dem
Aufgang und später Erdraupen in
Frage kommen, die während der
Nachtstunden von außen Löcher in
die Rüben fressen. An den befalle-
nen Stellen bildet sich später häufig
als zweite Infektion krebsartig
wachsender Schorf aus, der die Rüben zwar nicht ungenießbar, aber
doch unansehnlich macht. Zu er-
wähnen ist auch der Moosknopfkä-
fer, der die jungen Pflanzen befallen
kann.
Der Nährstoffbedarf der Roten
Rübe ist mittelgroß. Sie verträgt jedoch keine direkten Stallmistgaben,
insbesondere der Kalibedarf ist
hoch. Gedüngt wird mineralisch mit
2×40 g Volldünger oder reichlich
Kompost. Die Ernte erfolgt von
Mitte des Sommers bis zum Spätherbst. Rote Rüben halten sich gut
in einem Sandeinschlag für die Winternutzung in einem kühlen Keller.

Borscht

In Rußland und Polen übliche
Suppe: Benötigt werden 3–4
Rote Rüben, die gewaschen,
geschält und in feine Stifte
oder Scheiben geschnitten
werden. 2 Möhren, 2 Porree,
1 kleine Zwiebel, 1 Scheibe
Sellerie werden in kleine
Stücke geschnitten und zusammen mit einem Lorbeer-
blatt, 3 Wacholderbeeren, 6
Pfefferkörnern, etwas getrockneten Pilzen in einem Topf
oder in einer Kasserolle mit
1 l Wasser zusammen aufgekocht und bei kleiner Hitze
etwa 1 Stunde lang gekocht
und anschließend durch ein
Sieb gegeben und zusammen
mit den in der Zwischenzeit
vorbereiteten Roten Beten erhitzt, ohne daß die Mischung
zum Kochen kommt. Mit Zuk-
ker, Salz oder Zitronensaft abschmecken und immer noch
bei kleiner Hitze $^1/_4$ l Sauerrahm darunter verrühren. Wird
warm serviert.

Wurzelgemüse

Verwendung

Als Salat werden 3–4 Rüben und 1 großer säuerlicher Apfel geschält und geraspelt, 1 Banane in kleine Würfel geschnitten und mit einer Soße aus $\frac{1}{2}$ TL Salz, etwas Pfeffer, 3 EL Zitronensaft, Joghurt und saurer Sahne oder Schlagsahne nach Geschmack verrührt. Variante: statt des Apfels Orangen, Ananas, Ingwer.

Baby Beets: Die kurz erhitzten und danach durch Abziehen geschälten Rüben werden in Scheiben geschnitten, mit 2 EL Kümmel, 1 TL Salz, etwas Pfeffer, 2 Nelken und gehackter Zwiebel gewürzt und in einer Marinade aus $\frac{1}{4}$ l Essig, $\frac{1}{4}$ l Wasser und 2 EL Zucker gekocht. Abkühlen lassen und nach 2–3 Tagen servieren.

Sauerkleerübe, Glücksklee

Engl.: Wood Sorrel
Oxalis deppei, Oxalidacae

Mehrere der Sauerkleearten entwickeln neben dem Blattwerk und den hübschen zartrosa Blüten auch fleischige, zarte, wenn auch etwas wäßrig schmeckende weiße Rüben, die in gewissem Umfange kultiviert und gegessen wurden. Insbesondere aber die hier genannte Art, die früher als *Oxalis esculenta* oder *Oxalis tetraphylla* bezeichnet wurde. Es handelt sich um den Glücksklee, der zur Neujahrszeit von den Gärtnern gerne gezogen und angeboten wird. Die Anzucht geschieht aus kleinen braunen Zwiebelchen, die sich kranzförmig um die weiße, 3–4 cm lange Rübe bilden. Sie sind in Samenhandlungen erhältlich.

Kulturbeschreibung

Man pflanzt die Zwiebelchen im April oder Mai aus, bzw. später bis etwa Mitte Juli. Sandboden ist besonders gut geeignet, aber auch in jedem anderen gut durchlässigen Gartenboden werden sie sich ent-

Der Glücksklee bildet im Herbst Rüben.

wickeln. Man legt sie ca. 2 cm tief, etwa 20 cm weit auseinander. Sie wachsen ohne weitere Pflege, benötigen jedoch reichlich Feuchtigkeit. Kurz vor dem Frost, im Oktober, werden die Rübchen geerntet.

Verwendung

Die zarten, saftigen, etwas durchscheinenden Rüben können wie Teltower Rübchen zubereitet werden. Der Geschmack ist leicht säuerlich. Auch die Blätter ergeben ein vorzügliches Gemüse, das sich für Suppen und zum Würzen von grünem Salat eignet. Da der Sauerklee über eine lange Zeit hübsch blüht, bietet er, entlang den Beeteinfassungen gesetzt, einen sehr erfreulichen Anblick.

Steckrübe, Wruke, Kohlrübe, Unter-Kohlrabi, Erddorsche

Engl.: Swede
Brassica napus var. napobrassica, Cruciferae

Die Kohl- oder Steckrübe ist heute hauptsächlich eine norddeutsche Spezialität, die allmählich von anderen Gemüsearten verdrängt wird. Es gibt jedoch zahlreiche Liebhaber, die sie gerne nutzen, insbesondere als Eintopf. Die Steckrüben erlangten eine große Bedeutung im Hungerjahr 1917, als die Kartoffelernte wegen der Braunfäulekrankheit *(Phytophthora)* ausfiel und die Bevölkerung sich mit diesem ansonsten als minderwertig betrachteten und als Viehfutter verwerteten Rüben begnügen mußte. Inzwischen gibt es jedoch auch Züchtungen, die speziell für Speisezwecke entwickelt wurden mit einem feineren Aroma und gelbem Fleisch (z. B. 'Seefelder' – grünköpfig; 'Marian' – rotköpfig).

Die Steckrübe ist in den englischsprachigen und skandinavischen Ländern hoch geschätzt und wird dort auch pürriert oder roh in feine Streifen geschnitten serviert. Es gibt Sorten mit grünen und roten Köpfen. Letztere sind insbesondere im Osnabrücker und Bremer Raum besonders gefragt. Die Pflanzen entwickeln runde oder breitrunde Rüben von 15–20 cm Durchmesser. Die Ernte erfolgt kurz vor dem Frost. Die Lagerung ist bis spät in den Winter hinein möglich, wie Kartoffeln.

Wurzelgemüse

Kulturbeschreibung

Die Aussaat erfolgt Ende April in ein Saatbeet. Sodann werden die Jung-pflanzen Mitte bis Ende Juni, spätes-stens Anfang Juli auf Beete ausge-bracht (gesteckt), daher der Name, und zwar im Abstand von 30 × 50 cm. Die weitere Pflege besteht in Unkrautbeseitigung, häufigem Gie-ßen und in der Schädlingsbekämp-fung. Wie alle Kohlgewächse wird auch die Steckrübe von zahlreichen Schädlingen, wie z. B. Kohlweiß-lingsraupen, Kohlfliege, Erdraupen und Mäusen befallen. Steckrüben gedeihen auf allen Böden. Vorsicht jedoch bei Gefährdung durch Kohl-hernie.

Als Vorkultur sind Radies, Rettich, Spinat oder Erbsen gut geeignet, auch Salate. Gute Nachbarn sind Porree (Lauch) und Zwiebeln.

Verwendung

Als Rohkost werden die frischen Kohlrüben mit einer Küchenma-schine in feine Streifen geschnitten, ähnlich wie bei Möhrensalat mit Zi-tronensaft beträufelt und entweder roh serviert oder mit einer Essig-Zwiebelsoße angerichtet.

Steckrüben sind vor allem im Norden Deutschlands ein beliebtes Gemüse.

Steckrübeneintopf

500 g Schweinerippchen oder Schweinebauch werden in et-was Fett (Gänseschmalz) mit Zwiebeln angebraten, danach in $^3/_4$ l Wasser 1 Stunde lang-sam gegart. Anschließend 1 kg Steckrüben geschält und ge-würfelt dazugegeben und mit einem Bund Suppenkraut, Ma-joran, Maggiwürze oder Lieb-stöckel, Salz, einer Prise Pfef-fer und 5 EL Sahne oder Milch abschmecken. Bei langsamer Hitze gart das Gericht weiter. Inzwischen werden in einem separaten Topf 500 g Kartoffeln gekocht und gestampft und da-zugegeben. In manchen Ge-genden wird auch das Gemüse gestampft, häufig aber in Wür-feln belassen serviert. Nach zwei- oder dreimaligem Auf-kochen wird der Steckrüben-eintopf immer besser.

Süßkartoffel, Batate

EngL: Sweet Potato
Ipomoea batatas, Convolvulaceae

Die Süßkartoffel ist in Mexiko beheimatet. Sie scheint – wie heute – immer eine Rarität gewesen zu sein. Andererseits wird sie in einigen Gartenbüchern aus dem deutschsprachigen Raum durchaus zitiert. Wie einige Anbauversuche ergaben, ist die Kultur im Freiland dann möglich, wenn der Boden warm und humos, die Lage geschützt und sonnig ist. Die Süßkartoffel entwickelt sehr umfangreiches Laubwerk, das den Boden schnell bedeckt. Die dunkelgrünen Blätter geben der Pflanze ein interessantes Aussehen, so daß man im Topf eine attraktive, efeuähnliche Hängepflanze erhält. Die Wurzeln verdicken sich bei zügiger Kultur und können im Weinbauklima eine Länge von 20 bis 25 cm und eine Dicke von 7–8 cm Durchmesser erreichen. Gegen Herbst sterben die oberirdischen Pflanzenteile ab, die Wurzeln können wie Kartoffeln in einem trockenen Keller, in trockenem Sand oder in einem kühlen Lager aufbewahrt werden. Ihr Geschmack ist mehligsüßlich, ähnlich dem frostgeschädigter Kartoffeln, jedoch nicht unangenehm.

Kulturbeschreibung

Die Pflanzen liefern Samen, allerdings sehr spärlich, so daß allgemein die Kultur aus Knollen viel einfacher ist. Man ersteht sie am besten in einem Delikatessengeschäft. Bei 18–25 °C werden sie Mitte April in Töpfe oder Kisten ausgelegt, wobei die Erde nahrhaft, humos und locker sein sollte. Innerhalb kurzer Zeit bilden sich Ausläufer, die abgerissen und in Töpfen weiterkultiviert oder sofort ab Ende Mai ins Freie ausgepflanzt werden. Möglich ist es auch, die Knollen in kleinere Stücke zu teilen, so daß an jedem noch ein Trieb verbleibt, der bald bewurzelt. Man kann die Triebspitzen auch abschneiden und als Steckling bewurzeln, wobei entweder als Vermehrungszeit der Herbst oder Ende April nach dem Austrieb der Knollen in Frage kommen. Empfehlenswert ist die Kultur auf Hügelbeeten. Gedüngt wird in 3 Gaben mit jeweils 30 g Volldünger oder mit der entsprechenden Nährstoffmenge mit organischem Dünger oder Kompost. Die Ernte der Knollen erfolgt Mitte bis Ende September/Oktober. Da die Batate eine weit verbreitete

Wurzelgemüse

Kulturpflanze in südlichen Ländern ist, gibt es eine große Anzahl von Sorten. Auf unseren Märkten erscheinen solche mit hellgelben und blaßvioletten Rinden, aber auch weiße und tief organe gefärbte Formen sind anzutreffen.

Verwendung

Eine häufige und einfache Verwertung der Knollen ist es, sie in Folie über Holzkohlenfeuer zu garen (ca. 30 Minuten lang) und mit Öl oder Butter zu beträufeln.
Sehr wohlschmeckend sind Zubereitungen nach Rezepten mit Eßkastanien oder Möhren.

Süßkartoffel – eine attraktive Hängepflanze.

Süßkartoffel-Gemüse

500 g Süßkartoffeln waschen, putzen und in Würfeln oder Stifte schneiden. Sie werden in einem Topf mit ca. 40 g Butter oder Margarine und $1/4$ l Weißwein gedünstet. Danach 2 Stangen Porree in 1 cm breite Ringe schneiden, dazugeben und langsam garen. Mit Salz und Pfeffer würzen. In der Zwischenzeit werden 250 g Rinderhack mit Salz und Pfeffer angemacht und in einer weiteren Pfanne 5 Minuten lang angebraten, die Hackfleischbrocken nun unter das Gemüse mischen und mit etwas Maggiwürze abschmecken. Darübergestreute Petersilie, feingehackt, gibt dem Gericht eine zusätzliche Geschmacksnote.

Es gibt zahlreiche Sorten mit weißen Knollen.

Süßkartoffeln als Pürree: 1 kg Süßkartoffeln werden geschält und im Salzwasser gekocht und anschließend zerdrückt. Etwas Öl hinzugeben und mit Salz, Pfeffer und ein wenig Maggiwürze abschmecken. Besonders gut mit Zusatz von Meerrettich oder Kapern. Heiß servieren zu Fleischgerichten.

Süßkartoffeln paniert: Süßkartoffeln werden in Salzwasser gekocht, anschließend geschält und in Scheiben geschnitten, mit Salz gewürzt, in Eier und Paniermehl gewendet und in Öl goldgelb ausgebacken.
Süßkartoffel-Blätter: Die Blätter können wie Spinat gekocht und zubereitet werden.

Süßholz, Lakritzpflanze

Engl.: Liquorice
Glycyrrhiza glandulifera, Leguminosae

Das Süßholz ist eine in früheren Jahrhunderten sehr geschätzte und beliebte Staude mit robinienähnlichen Blättern, übermannshohem Wuchs und einem Wurzelwerk, das sich 1–2,5 m tief und über 3 m seitwärts mit den flachliegenden Seitenwurzeln erstreckt. Die Pflanzen sind in Ungarn und im südlichen Rußland beheimatet und brauchen trockenen, lockeren Boden, mäßige Feuchtigkeit und Wärme, um gut zu gedeihen. Auch heute wird Süßholz in geschälter oder geraspelter Form in Apotheken verkauft. Beim Kauen entfaltet sich der süße, lakritzartige Geschmack, der eine längere Zeit anhält und der die Wurzeln in früheren Zeiten äußerst beliebt und als

teuere Besonderheit geschätzt machte. Vom 15. Jahrhundert bis in die 30er Jahre unseres Jahrhunderts war das Süßholz Grundstoff für Lakritze.
Besondere Kulturen befinden sich heute noch im Raum Bamberg, wo die Pflanzen früher in großem Umfang kultiviert wurden, so daß sie sogar im Bamberger Stadtwappen verewigt sind.
Schon im Altertum war auch die Heilwirkung bekannt; der Grieche Theophast (372–287 v. Chr.) erwähnt sie. Bekannt ist die heilende Wirkung bei Husten- und Magenbeschwerden sowie die durststillende Wirkung, die sich beim Kauen der Wurzelteile entfaltet. Im Mustergar-

Wurzelgemüse

Süßholz gedeiht am besten auf sandigem Boden.

Süßholz in Stangen und geraspelt.

ten des Bamberger Gärtner- und Häckermuseums wird der Süßholzstrauch mit besonderer Liebe gepflegt und angebaut.

Kulturbeschreibung

Die Vermehrung geschieht durch sogenannte Fechser, das sind Wurzelschößlinge, die sich aus zahlreichen Augen so intensiv vermehren können, daß die Ausbreitung einer einmal gewachsenen Pflanze nur mit Mühe in Grenzen gehalten werden kann. Gepflanzt wird im März/April im Abstand von ca. 1,50 × 2 m. Der Boden sollte sandig, leicht und tiefgründig sein, so daß dem Drang der Wurzeln sich auszubreiten nichts im Wege steht und außerdem die Erntemöglichkeiten erleichtert werden. Zur Düngung verwendet man gut ausgereiften Kompost oder Mineraldünger (2–3 mal 40 g Volldünger pro m^2).

Erst im 4. Jahr wird geerntet, wobei im April/Mai 1–2 m tiefe Löcher und Gräben gegraben werden, um die Wurzeln möglichst unbeschädigt herauszuholen. Das Ausgraben galt als besondere Kunst und Meisterprüfung für die Bamberger Gärtner, wobei die Pflanze keinerlei Verletzung aufweisen durfte. Ausgegrabene Stücke können mehrere Meter lang sein. Heute wird Süßholz in großen Kulturen in Rußland und Ungarn angebaut.

Verwendung

Die Wurzeln wurden zerstoßen, in Wasser eingeweicht und dieser Saft später eingedickt, bis daraus Lakritze entstand. Dieses Kochen des Süßholzes gehörte zu den streng gehüteten Rezepten und Geheimnissen. Die Endprodukte waren sehr begehrt. Getrocknetes und geraspeltes Süßholz wird gekaut, zu Tees gegeben und zum Süßen verwendet. Heute dient dieser natürliche Süßstoff zum Aromatisieren von Teemischungen und Tabak.

Zuckerwurzel

Engl.: Skirret
Sium sisarum, Umbelliferae

Die Zuckerwurzel, eine Staude, ist in China beheimatet. Sie wurde jedoch schon sehr früh in Frankreich eingeführt und weit verbreitet. D e Spuren früherer Kulturen finden sich auch in Deutschland.
Die Pflanzen werden ca. 1,20 m hoch und entwickeln unterirdisch eine Reihe von Wurzeln, die entfernt Dahlienknollen ähneln. Die Zuckerwurzel blüht mit weißen Doldenblüten, ähnlich einer Möhrenblüte. Die Wurzeln sind von grauweißer Farbe, innen weiß und äußerlich mit Einschnürungen versehen. Das Fleisch ist sehr süß und mehlig, weshalb dieses Gemüse von manchen sehr und von anderen gar nicht geschätzt wurde. Als Zucker noch selten und teuer war, suchte man nach süßen Gemüsen.

Kulturbeschreibung

Die Zuckerwurzel gedeiht am besten auf sandig humosen, gutem nährstoffreichen Boden und in einer warmen geschützten Lage. Die Kultur ähnelt im großen und ganzen der von Pastinaken, d. h. Aussaat entweder im Herbst oder zeitig im Frühjahr (Ende März/April). Erfahrungen besagen, daß die Wurzeln geteilter Pflanzen oder aus Wurzelschößlingen ein weniger holziges Herz besitzen als solche, die aus Saat gezogen wurden. Von Pflanze zu Pflanze gibt es große Unterschiede, da praktisch keine züchterische Arbeit geleistet wurde. Dennoch ist die Anzucht aus Samen bedeutend üblicher als die vegetative Methode. Man verwendet am besten vorgequollenen Samen, da

Wurzelgemüse

Die Zuckerwurzel ähnelt dem Kerbel.

Die Wurzeln sind zart und süß.

die Keimzeit sich bis über 4–5 Wochen hinziehen kann. Bei der Spätsommeraussaat im August bis Anfang September entwickeln sich noch im gleichen Jahr Jungpflanzen mit kleinen Blättern und Wurzeln. Man kann verziehen oder verpflanzen, wenn die Pflänzchen 4–5 Blätter besitzen. Der Reihenabstand beträgt 30–40 cm und in der Reihe ca. 15 cm. Möglich ist auch die Vermehrung über Teilung der Wurzeln und über Schößlinge aus den Wurzeln. Der Nährstoffbedarf entspricht etwa dem der Möhren, d. h. ca. 100–120 g Volldünger pro m² in 2–3 Gaben. Die Pflanzen benötigen besonders viel Feuchtigkeit, vor allem im Sommer. Die Wurzelschößlinge werden im März oder April gepflanzt. Die Zukkerwurzel ist winterhart, so daß die Ernte über viele Monate vom Herbst an bis zum Frühjahr verteilt werden kann. Im Kühlraum kann man die Pflanzen auch lagern oder die Wurzeln in Sand einschlagen.

Verwendung
Die Wurzeln können roh oder gekocht gegessen werden. Sie sind zart, süß und leicht mehlig, besitzen aber einen harten Kern, den man am besten vor der Verwendung oder nach dem Kochen entfernt. Als Rezepte passen solche wie für Pastinaken, Möhren oder Schwarzwurzeln, ebenso die auf Seite 82/83 genannten Rezepte für Süßkartoffeln oder das Rezept der gezuckerten Mai- oder Teltower Rübchen.

Blattgemüse

Brunnenkresse, Wasserkresse

Engl.: Watercress
Nasturtium officinale, Cruciferae

Die Brunnenkresse ist eine in Deutschland heimische Wasserpflanze, die insbesondere in fließendem Wasser, also in Bächen, vorkommt. Die krautigen Blätter bestzen einen scharfen senfartigen Geschmack. Der Vitamin-C-Gehalt ist hoch. In den langen Tagen des Sommers bilden sich zahlreiche weiße Blütchen aus. Die Brunnenkressekultur hatte an einigen Stellen Deutschlands Tradition, vor allem in Dreienbrunnen bei Erfurt, wo die dortigen Gärtner in terrassenartig angelegten, angestauten Beeten ganzjährig Brunnenkresse kultivierten.

Kulturbeschreibung

Die in Erfurt angewandte Kulturmethode kommt derjenigen in der freien Natur sehr nahe. Sie hat zudem den Vorteil, daß in fließendem Wasser ganzjährig geerntet werden kann, da die Bäche kaum zufrieren. Oberirdisch ist die Brunnenkresse sehr frostempfindlich. Für den Hausbedarf empfahl man, den Ablauf eines fließenden Brunnens dazu zu benutzen und zwar in extra angelegten Gräben von ca. 60 cm Tiefe

und 3–4 m Breite. Auf der ebenen und leicht hängig angelegten Sohle wird nun Schlamm 5–7 cm hoch aufgebracht. Im August werden dann Triebspitzen genommen und büschelförmig in den Schlamm gedrückt, wobei sich sehr schnell Wurzeln bilden. Von Anbeginn muß der Graben überstaut werden. Schon nach kurzer Zeit kann die Ernte beginnen.

Für die Verfeinerung dieses Verfahrens im angestauten Wasser hat man, vor allem in England und auch in Frankreich, komplizierte Anbaumethoden entwickelt. Wenig bekannt ist jedoch, daß die Brunnenkresse auch ohne fließendes Wasser auf sehr einfache Weise gedeiht: Man benötigt dazu eine Grube an halbschattiger Stelle im Garten, die mit wasserdichter Folie ausgelegt und bis dicht unter die ursprüngliche Oberfläche wieder mit Erde gefüllt wird. Für den Hausgebrauch genügt ein wasserdichter Balkonkasten oder eine eingesenkte Wanne. Danach besorgt man sich Samen, den es in gut geführten Samenfachhandlungen oder Gartencentern gibt. Der sehr feine

Blattgemüse

Samen wird dünn verteilt, auf die Oberfläche gesät, angedrückt und bis zum Beginn des Wachstums ständig feucht gehalten. Brunnenkresse gedeiht bestens als Sumpfpflanze, darf daher niemals austrocknen und ist auch gegen pralle Sonne empfindlich. Schon nach kurzer Zeit beginnt der Samen zu keimen. Die jungen Pflänzchen können nun überstaut werden, 1–2 cm hoch genügt völlig. Die Ernte der Triebspitzen kann den ganzen Sommer über erfolgen und sich auch im Winter fortsetzen, sofern das Gefäß frostfrei und hell aufgestellt werden kann. Von Zeit zu Zeit wird in neue Erde umgepflanzt. Zur Ernährung der anspruchslosen Brunnenkresse gibt man alle 3–4 Wochen eine schwache organische oder mineralische Düngerlösung.

Verwendung

Brunnenkresse ergibt einen hervorragenden Kressesalat. Sie kann aber auch als Würze zwischen grüne Salate gemengt werden.

Brunnenkressesuppe

Man kocht mehrere Büschel Brunnenkressespitzen ca. 10 Minuten lang in 1 l Wasser und rührt das Ganze durch ein Passiersieb. Bei leichter Hitze wird nun $1/4$ l Creme Fraiche eingerührt. Nach Geschmack Salz oder Pfeffer hinzufügen. Statt der Creme Fraiche kann man auch mit Mehl andicken.

Brunnenkresse gedeiht bestens im Balkonkasten.

Kardone, Cardy, Spanische Artischocke

Engl.: Cardoon
Cynara cardunculus, Compositae

Cardy stammt aus dem östlichen Mittelmeerraum und ist nahe verwandt mit der Artischocke. Das Aussehen von Blättern und Blütenständen ist ähnlich. Letztere sind sehr attraktiv mit großen, blauen Distelblüten, weshalb der Cardy auch ein- oder zweijährig als Zierpflanze kultiviert wird und gut in Staudenanlagen paßt oder als einzeln stehender Solitär. Die Pflanzen können einen großen Umfang erreichen, d. h. Breite ca. 1,50 m und Höhe 1,50 –1,80 m. Die großen silbriggrauen Blätter wachsen schnell heran. Sie sind unterseits wollig filzig und entlang der Blattrippen bestachelt. Genutzt werden die dickfleischigen Blattstiele. Sie schmecken besonders aromatisch, entfernt ähnlich den Schwarzwurzeln. Dieses Delikateßgemüse bevorzugt humosen, sehr nährstoffreichen und warmen Boden, weshalb die Kultur wohl stets nur lokale Bedeutung hatte. Bekannt sind z. B. heute noch die Genfer Kulturen von Perly, einem Vorort südlich der Stadt. Es gab neben den weißrippigen auch rotrippige Sorten und verschiedentlich solche, die nicht gestachelt sind, hierunter scheinen jedoch die Geschmackseigenschaften zu leiden. Das Saatgut ist noch relativ einfach zu erhalten, jedoch wird der Cardy, wie die Artischocken, in Samenkatalogen häufig unter den Küchenkräutern aufgeführt, wo sie eigentlich nichts zu suchen haben.

Kulturbeschreibung

Der Cardy wird zumeist einjährig kultiviert. In südlichen warmen Gebieten kann man direkt ins Freie säen und zwar Mitte Mai an Ort und Stelle je 3–4 Korn, 3 cm tief. Idealer Abstand ca. 1 × 1 m. Später wird verzogen auf die beste und stärkste Pflanze. Für die meisten Gegenden Mitteleuropas ist allerdings die Vorkultur empfehlenswert, mit Aussaat unter Glas Ende März bis Mitte April. Gesät wird in Töpfchen mit humoser Erde, wo der Samen bei 20–25 °C innerhalb von 2–3 Wochen aufläuft. Die weitere Entwicklung geht in jedem Falle schnell voran, wobei ständig mit wöchentlicher Flüssigdüngung oder später im Garten mit 3–4 Düngergaben bis zum Ende der Kultur für ausreichende Nährstoffe gesorgt werden muß.

Blattgemüse

Links: Vom Cardy werden die fleischigen Stiele verwendet.

Rechts: Der Geschmack verbessert sich noch durch Bleichen.

Besonders gut entwickeln sich die Cardypflanzen auf Beeten, die reichlich mit abgelagertem Mist oder Kompost versehen wurden. Nach den Frösten wird ausgepflanzt, Abstand 80 × 80 cm oder 1 × 1 m. Die Pflanzen leiden in der Anzucht unter Läusen und Roter Spinne. Gegen Ende des Jahres (Oktober/ November) haben die Blätter die ausreichende Größe erreicht. Wer den Geschmack der Blattstiele zu kräftig findet (Ansichtssache) kann folgende Bleichmethode anwenden: Ab September werden dazu mit einer Schnur die Blätter zusammengebunden und mit Wellpappe oder schwarzer Plastikfolie ca. 1 m hoch eingehüllt, so daß nur noch die Blattspitzen herausschauen. Früher nahm man dazu Stroh und häufelte die Pflanzen zusätzlich an. Nach 2–4 Wochen ist der Bleichvorgang beendet.

Für den Winterbedarf bleicht man die Pflanzen im Keller, indem man sie im Oktober mit Erdballen aushebt und einschlägt. Dabei lassen sich die Blätter um ein Drittel einkürzen. In Folie eingewickelt, halten sie sich in hellen und kühlen Kellerräumen bis zum März. Verschiedentlich wird für den Winterbedarf auch noch im Juni eine weitere Aussaat vorgenommen. Vor Wintereinbruch werden die Pflänzchen ausgehoben.

Mit etwas Schutz durch Torf, Laub oder Stroh kann man die Pflanzen zweijährig ziehen und sich an den attraktiven Blüten erfreuen.

Verwendung

Gegessen werden die fleischigen Blattstiele. Die Blattspreite fällt als Putzabfall an. Ähnlich wie beim Rhabarber schält man die Außenhaut ab und schneidet die Stiele in 5–10 cm lange Stücke. Man kocht sie in Salz- oder Essigwasser und serviert sie mit Käse überbacken oder lediglich gedünstet als Beilage.

Kapuzinerkresse, Italienische Kresse, Nasturzie

Engl.: Nasturzium
Tropaeolum majus, Tropaeolacae

Diese bekannte einjährige Zierpflanze ist in Peru beheimatet und wird seit längerer Zeit in deutschen Gärten gern kultiviert, weil neben den Blättern vor allem auch die Blüten genutzt werden. Im Bioanbau wird Kapuzinerkresse häufig benutzt, um damit Baumscheiben zu besäen und auf diese Weise Bäume gegen Blutläuse zu schützen. Sie wirkt auch abwehrend gegen Raupen, Schnecken, Ameisen und Mäuse. Nutzbar sind beide Formen, nämlich die lange, kletternde *Tropaeolum majus* und die niedrige *Tropaeolum majus nanum,* deren Blüten über dem Laub erscheinen (Sorten 'Juwelenzauber', 'Whirly Bird').

Kulturbeschreibung

Die Kultur ist sehr einfach. Die Pflanze gedeiht auf jedem Gartenboden in sonniger, halbschattiger

Kapuzinerkresse blüht unermüdlich. Alle Teile schmecken ausgezeichnet.

Blattgemüse

und schattiger Lage. Sie ist durch ihre schnelle Entwicklung mit vielen Blättern in der Lage, Unkraut zu unterdrücken. Der Wasserbedarf ist ziemlich hoch. Alle Pflanzenteile sind frostempfindlich, deshalb wird die Aussaat erst ab Anfang Mai vorgenommen und zwar direkt ins Freiland, jeweils 1–2 Körner, 2 cm tief und im Abstand von 40–60 cm. Schon nach kurzer Zeit quellen die Samen und gehen auf. Gedüngt wird nicht, denn zu hoher Stickstoffanteil verhindert eine reichliche Blüte, die Pflanzen entwickeln nur Blätter.

Verwendung

Die kleinen Blätter ergeben, vor der Blüte gepflückt, einen Vitamin-C-reichen Salat. Sie wirken verdauungsfördernd und blutreinigend. Der Geschmack ist kresseartig, leicht süßlich scharf. Beliebt sind auch die Blüten, nicht nur zur Zierde, sondern auch als Salat genossen, entweder für sich oder als schmückende Würze von grünen Salaten. Sie passen gut zu Quark. Geschlossene Knospen und grüne noch unreife Samen legt man sauer ein und erhält damit einen wertvollen Kapernersatz.

Löffelkraut

Engl.: Scurvy-Grass
Cochlearia officinalis, Cruciferae

Das Löffelkraut ist in Europa beheimatet und zwar an den Küsten West- und Nordeuropas, sowie an den Rändern salziger Seen in Mitteleuropa. Die etwa 10 cm hohen Pflanzen sind mehrjährig und frosthart, werden jedoch 1–2jährig kultiviert. Die rundlichen dunkelgrünen Blätter enthalten sehr viel Vitamin C und waren daher schon in frühen Zeiten besonders bei Seefahrern als Antiskorbutmittel beliebt.

Kulturbeschreibung

Löffelkraut wird über Samen in Direktsaat angezogen. Saatgut ist jedoch nur in sehr gut geführten Samenhandlungen oder im Versand erhältlich. Die Ansprüche an den Boden sind sehr gering. Es gedeiht auf jedem feuchten Gartenboden. Gesät wird im Frühjahr (März/April) oder im Spätsommer dünn in Reihen von 20–30 cm Abstand; Saattiefe 1 cm. Nach dem Aufgang ist auf 10 cm Abstand zu vereinzeln, sofern nicht bereits genügend dünn gesät wurde.

Gedüngt wird nicht oder nur sehr sparsam. Da die Pflanze wintergrün ist, kann ganzjährig geerntet werden.

Verwendung

Löffelkraut besitzt einen strengen rettichartigen Geschmack und wird frisch als Beigabe zu Salaten verwendet. Es passen Rezepte wie für Brunnenkresse genannt. Man kann daraus auch angenehm schmeckende Gemüsesuppen herstellen.

Löffelkraut, ein pikanter Salat.

Spargelsalat, Sommerendivie, Bindesalat, Lattich, Römersalat

Engl.: Cos Lettuce
Lactuca capitata var *romana, Compositae*

Der Spargelsalat vergangener Jahrzehnte ist nicht ganz identisch m t dem römischen oder Romana-Salat, wie er heute gerne bezeichnet wird. Während die heutigen Züchtungen von selbst schließen und einen dicht gefüllten Kopf mit tütenförmigem Aussehen bilden, waren die früher üblichen Sorten in dieser Hinsicht nicht ganz so zuverlässig. Die langen, aufstrebenden, löffelartig geformten Blätter und Köpfe tendierten eher dazu, auseinanderzufallen und mußten mit Schnüren oder Bast zusammengebunden werden, um zarte Blätter zu bekommen. Der Name Bindesalat weist darauf hin. Der Geschmack ist etwas kräftiger als beim Kopfsalat. Die Blätter sind knackiger und fester. Schon früher gab es eine Vielzahl von Züchtungen. Darunter auch eine mit dunkelroten Blättern ('Romaine rouge') und eine andere

Links: 'Forellenschluß' –
eine österreichische
Spezialität.

Rechts: Spargelsalat
'Kasseler-Strünkchen'
kann man kochen oder
frisch genießen.

mit rot gefleckten Blättern, die in
Österreich als »Forellensalat« bezeichnet wird. Eine Spezialität Nord-
hessens ist die gelbgrüne Sorte
'Kasseler Strünkchen', von der es
um 1850 heißt: »Der Anbau dieser
sogenannten Strünke, welcher besonders in Hessen verbreitet ist,
verdient die größte Empfehlung.«
Der Name weist darauf hin, daß vornehmlich die bereits schossenden
Pflanzen geerntet und die zarten
Stengel ähnlich wie Spargel zubereitet und auch für den Winter ein-
gelagert wurden.

Kulturbeschreibung
Der Anbau des Spargelsalates ähnelt dem des Freilandkopfsalates,
d. h. die Aussaat erfolgt ab April bis
Anfang Juli dünn in Reihen; Saattiefe ca. 1 cm, Reihenabstand
30 cm, man verzieht dann auf
20–25 cm Abstand in der Reihe.
Hinsichtlich des Bodens ist der Rö-
mersalat wenig anspruchsvoll. Leh-
mig-feuchte Gartenböden sind am
besten geeignet. Die Frühsommer-
aussaat gelingt meistens besser als

spätere Sätze, weil der Spargelsalat
leicht zu Mehltaubefall neigt, der mit
beginnender Herbstkühle einsetzt.
Als Düngung empfiehlt sich Kompost bzw. 2 × ca. 40 g Volldünger.
Der Salat benötigt reichlich Feuchtigkeit.

Verwendung
Die Blätter können wie Salat zubereitet werden, wobei insbesondere
Rezepte mit Pfeffer, Essig, Italian-
oder French Dressing besonders
gut passen. Knackig und gekühlt
servieren.
Spargelsalat wird jedoch auch
gerne gekocht, wobei die Zubereitung zu Rezepten von Spargel paßt
(z. B. gedünstet und leicht gesalzen
mit holländischer Soße übergossen). Als Variation paßt auch das
Übergießen mit warmer, gebräunter
Butter oder Semmelbröseln. Hierzu
gibt man Schinkenstreifen oder
Kalbfleisch.
Man kann die Köpfe auch insgesamt in Salzwasser dünsten, mit
einem geeigneten Schmelzkäse belegen und im Ofen überbacken.

Amaranth, Meier, Grüner Fuchsschwanz, Blitum,

Engl.: Amaranth
Amaranthus ïvidus, Amaranthaceae

Der Amaranth ist in Südeuropa, in Asien und im östlichen Mittelmeerraum beheimatet. Die Pflanze ist einjährig und wird 40–70 cm hoch. Die Blätter sind rautenförmig, rauh, aber unbehaart. Die Blüten sitzen in weißlich-grünlichen Knollen in den Blattachseln. Die Einzelblüten sind klein und unscheinbar. Die Art ist sehr variabel und kommt in verschiedenen Formen vor. Einige davon werden als Zierpflanzen kultiviert, andere werden gemeinhin der sogenannten Unkrautflora hinzugerechnet und sind auf kultivierten Äkkern und Schuttplätzen verbreitet. Der Amaranth wurde bereits zur Römerzeit kultiviert und später an vielen Stellen in Deutschland gärtnerisch genutzt, bis er von dem ertragreicheren und im Geschmack als angenehmer empfundenen Spinat verdrängt wurde. Die Pflanze benötigt volle Sonne und feuchten Boden. Die Blüten werden besonders von Faltern sehr gerne besucht.

Kulturbeschreibung
Da der Amaranth sehr unproblematisch gedeiht, ist die Vorkultur mit Anzucht in Töpfchen zwar möglich, aber kaum zu empfehlen. Die Direktsaat ins Freie ab Mitte Mai ist besser; Saattiefe 1–2 cm, Reihenabstand 40–50 cm (vereinzeln 30 cm). Günstig ist es, die Pflanzen anzuhäufeln, um ihre Standfestigkeit zu erhöhen. Die raschwüchsigen Pflanzen benötigen viel Feuchtig-

Der Amaranth wurde vom Spinat verdrängt.

Blattgemüse

keit, jedoch sind sie anspruchslos hinsichtlich Düngergaben. Die Ernte setzt schon früh ein. Die Blätter werden einzeln abgepflückt und zwar den ganzen Sommer hindurch.

Verwendung

Verwendet werden die einzeln gepflückten Blätter und nach Spinatrezepten zubereitet. Verschiedentlich werden auch Anstrengungen unternommen, um die Samenernten beim Amaranth zu steigern. Die Samen sind sehr proteinhaltig. Neue Züchtungen davon gibt es insbesondere in USA. Die in Europa verwendeten Sorten besitzen meistens rotgrüne Stengel.

Eiskraut

Engl.: Ice Plant
Mesembrianthemum crystallinum, Aizoaeae

Das Eiskraut ist in Südafrika (Kapland) beheimatet und eine enge Verwandte der Mittagsblume *(Mesembrianthemum criniflorum).* Inzwischen ist sie im Mittelmeerraum völlig eingebürgert und wird bis in die heutigen Tage hinein in Holland und Ostfriesland als Spezialität kultiviert. Die fleischigen blaßgrünen Blätter erreichen 10–15 cm Durchmesser. Sie entspringen runden Blattstielen und sind über und über mit kleinen Drüsen bedeckt, die bei Sonnenschein wie Glasperlen glänzen. Ihr Geschmack ist leicht salzig.

Das Eiskraut schmeckt leicht salzig.

Kulturbeschreibung

Das Eiskraut liebt sonnige, trockene Stellen im Garten. Übergroße Nässe behagt ihm nicht. Darüber hinaus ist die Kultur sehr einfach. Der feine schwarze Samen wird möglichst dünn in Reihen gesät. Die Saattiefe

96

sollte 0,5 cm betragen, die Reihenweite 25–30 cm. Empfehlenswert ist auch die Anzucht in einem Saatbeet und späteres Verpflanzen im Abstand von 30 × 30 cm. Gedüngt wird mit Kompost oder ganz leicht mit Mineraldünger (30 g pro m²). Bereits nach 4 Wochen können die einzeln stehenden Blätter gepflückt

und verwertet werden. Aussaat von April bis August.

Verwendung
Die jungen Blätter werden als Salat angerichtet. Man kann sie auch kleinschneiden und wie Blattspinat kochen und zubereiten wie in dem Rezept auf S. 99 angegeben ist.

Erdbeerspinat

Chenopodium capitatum, Chenopodiaceae

Der Name des Erdbeerspinates weist auf die roten, saftigen, eßbaren Früchte hin, die leicht süßlich, aber etwas fade schmecken und Wald- oder Monatserdbeeren ähneln. Seine Heimat ist Westasien und südliches Europa. Dort kommt er mitunter an Wegrändern und auf Schuttplätzen vor. Diese alte Kulturpflanze wurde allmählich vom Spinat verdrängt, dessen Blätter nicht einzeln gepflückt werden müssen und auch wesentlich größer sind als beim Erdbeerspinat.

Kulturbeschreibung
Die Pflanzen benötigen volle Sonne bis Halbschatten und erreichen eine Höhe von 25–30 cm. Die Art *Cheno-*

Erdbeerspinat ist heute fast vergessen.

Blattgemüse

podium foliosum (Echter Erdbeerspinat) ist als Gebirgspflanze in
Spanien, den Alpen, Kaukasus, in
Zentralasien und Nordwestafrika im
Gebirge beheimatet. Offenbar war
sie schon früh attraktiv für den Menschen, der sie inzwischen in fast
alle Kulturländer verbreitet hat.

Heute besitzt sie mehr einen Zier-
als einen Ernährungswert.

Verwendung
Es passen alle Spinatrezepte. Die
jungen Blätter und Sprossen werden auch für Gemüsesuppen verwendet.

Guter Heinrich, Gemeiner Gänsefuß

Engl.: Good King Henry
Chenopodium bonus-henricus, Chenopodiaceae

Der Gute Heinrich ist eine Staude,
die in Europa heimisch ist. Sie
wächst auf Schuttplätzen und Stra-
ßenrändern bis hinauf in alpine Hö-
hen. Der Trieb erreicht 70–80 cm
Höhe, besitzt lang gestielte, pfeilför-
mige Blätter von dunkelgrüner Farbe. Sie sind dick und fleischig, un-
terhalb etwas mehlig. Die Blüten
sind unscheinbar, grün und in
einem dicht besetzten Blütenstand
zu finden. An die Kulturböden stellt
die Pflanze keine besonderen Ansprüche und ist auch pflegeleicht.
Die Nutzung kann sich über 5–6
Jahre hinziehen. Auch der Gute
Heinrich gehört zu den Pflanzen, die
vom Gartenspinat verdrängt wurden. In England besitzt er noch eine
gewisse Bedeutung, vor allem als

Spargelersatz. Geerntet werden
die jungen Triebe Anfang April, also
einige Zeit bevor der echte Spargel
zu treiben beginnt.

Kulturbeschreibung
Die Anzucht junger Pflanzen geschieht durch Aussaat vornehmlich
im Frühjahr zwischen Ende März
und Mai – aber auch im September/
Oktober kann noch gesät werden.
Empfehlenswert ist die Anzucht in
einem Saatbeet oder einer Pikierki-
ste. Wenn die Pflanzen groß genug
sind, werden sie ausgepflanzt im
Abstand 50×50 oder 40×60 cm.
Auch die Direktsaat an den endgültigen Standort ist möglich, wobei
dünn gesät und später auf den genannten Abstand verzogen wird.

Der Gute Heinrich ist in England als Spargelersatz beliebt.

Die Pflanze vermehrt sich leicht durch Selbstaussaat. Der Gute Heinrich kann hohe Stickstoffgaben gut vertragen, 2–3 Gaben von 50 g Volldünger je m² oder reichliche Stallmistgaben im Herbst fördern seine Entwicklung. Wie Spinat ist auch der Gute Heinrich nach einiger Zeit mit sich selbst unverträglich was bei der Fruchtfolgeplanung zu berücksichtigen ist.

Verwendung

Geerntet wird im zeitigen Frühjahr bis zum Beginn der Blüte. Es passen Rezepte von Blattspinat, wie z. B. folgendes:

1 kg Blätter werden gründlich gewaschen und verlesen. 5 Sardellenfilets und 2 Knoblauchzehen, feingehackt, erhitzt man in Öl und brät sie darin kurz an. Anschließend werden der Spinat und $1/4$ l Fleischbrühe dazugegeben. Bei kleiner Hitze dünstet das Gericht 15 Minuten lang, mehrfach umrühren und mit Pfeffer und Muskatnuß pikant abschmekken. Paßt gut zu jeder Art von Fleischgerichten.

In England wird die Zubereitung wie Spargel bevorzugt. Hierzu häufelt man die Triebe im Frühling etwas an, um sie lang und zart zu erhalten. Sie werden geschält und in reichlich Wasser gekocht, mit Butter übergossen und zu Fleisch serviert.

Blattgemüse

Gartenmelde, Spanischer Salat

Engl.: Orache
Atriplex hortensis, Chenopodiaceae

Auch die Gartenmelde gehört zu den Gemüsen, die durch den Gartenspinat fast gänzlich verdrängt wurden. Lediglich im Rheinland schätzt man noch die Qualitäten dieser in Europa weit verbreiteten Wildpflanze, deren Heimat in Westasien liegt. Neben der hellgrünen gibt es auch eine rote Gartenform, die bisweilen kultiviert oder verwildert in Bauern- und Ziergärten auftaucht. Die Gartenmelde wächst einjährig. Sie kann bei guter Nährstoffversorgung bis zu 2 m hoch werden. Wie Spinat blüht sie im Sommer und die Nutzung muß vorher erfolgen. Sie stellt an den Boden keine besonderen Ansprüche, wächst jedoch bei guter Nährstoffversorgung und an sonniger Stelle besonders üppig. Auch Halbschatten wird vertragen. Als schnellwüchsige Kultur paßt sie in alle Lükken, die während des Frühjahrs und des Sommers im Gemüsebeet entstehen. Laufende Neuaussaaten sind möglich.

Kulturbeschreibung
Die Anzucht geschieht durch Aussaat, wobei im Handel gedroschene Saat erhältlich ist, die schneller und besser keimt und sich leichter aussäen läßt als direkt von den Pflanzen gewonnene geflügelte plattrunde Samen. Bevorzugt wird die 'Gelbe rheinische' mit hellgrünen und fleischigen Blättern. Für Gemüsezwecke wird außerdem 'Gartenmelde grüne' angeboten. Durch Selbstaussaat kann die Gartenmelde zum unerwünschten Unkraut werden.

Gartenmelde gibt es in roten und grünen Formen.

Man sät zeitig im Frühjahr (März/April) dünn direkt in Reihen. Verziehen ist im allgemeinen nicht notwendig; Reihenabstand 30–40 cm. Auch die Aussaat bis zum Herbst (August/September) ist möglich. Außer Gießen ist keine besondere Pflege notwendig. Schädlingsbefall ist kaum zu erwarten. Gartenmelde bevorzugt einen sonnigen Standort.

Verwendung

Die Pflanzen werden jung geschnitten bei einer Höhe von 10–20 cm und wie Spinat verarbeitet. Mitunter werden sie zwischen Sauerampfer gemischt, um dessen herben Geschmack zu mildern und auch in Suppen gebraucht. Blätter und Stiele kann man ohne wesentliche Putzarbeit verwenden.

Postelein, Winterportulak, Westindischer Spinat, Kubaspinat

Montia perfoliata, Syn. *Claytonia perfoliata, Portulaceae*

Postelein gehört zu den Kulturpflanzen, die nach der Entdeckung Amerikas zu uns gelangten. Er ist vor allen Dingen im deutsch-holländischen Grenzbereich und in Holland selbst beliebt gewesen und erfährt jetzt wegen seiner geringen Ansprüche neue Wertschätzung. In wintermilden Gegenden hat sich der Winterportulak ausgebreitet und kann in jedem Garten, läßt man ihn zur Samenreife kommen, lästig werden. Postelein wächst einjährig, wird 15–20 cm hoch und entwickelt fleischige, tütenförmige Blätter in deren Mitte sehr bald die unscheinbaren weißen Blüten erscheinen. Spätestens dann soll geerntet werden. Winterportulak verträgt Frost

und eignet sich hervorragend als Vitamin-C-reiches Gemüse, das im Winter geerntet werden kann. Ein halbschattiger Standort, der immer ausreichend feucht ist, wird gegenüber vollsonnigem Standort bevorzugt.

Kulturbeschreibung

Die Vermehrung geschieht durch Aussaat, wobei am besten direkt in Reihen gesät wird. Saattiefe 1 cm, Reihenabstand 10–15 cm. Während der Sommermonate hat der feine schwarze Samen Schwierigkeiten zu keimen, weshalb die Aussaatzeit zwischen Ende August und April vorgenommen wird. Schon nach 5–8 Wochen kann geerntet werden.

Blattgemüse

Winterportulak wächst selbst im Winter.

ger zu nutzen. Geschnitten werden die Blättchen, wenn sie 10 cm Höhe erreicht haben. Ihr Geschmack ist mild und spinatähnlich. Die Düngeransprüche sind sehr gering. Keimtemperatur 8–12 °C. Bei Breitsaat Aussaatmenge 1,5–2 g pro m².

Verwendung
Alle Salatrezepte; Postelein kann auch wie Spinat gekocht werden. Die Stiele werden mitverwendet.

Winterportulak wird auch als unkomplizierte Winternutzung von Frühbeeten und Gewächshäusern geschätzt, wobei Gärtnereien zunehmend zur Vorkultur in Torftöpfen neigen, in die man 8–12 Körner legt. Sehr einfach ist auch die Saat in Reihen. Der Energiebedarf ist sehr gering. Nach 2–3 Wochen wird an den endgültigen Standort verpflanzt im Abstand von 10 × 15 cm. Diese Methode erlaubt es, die Sommer- und Herbstkulturen noch etwas län-

Postelein-Salat

200 g Blätter, verlesen, waschen und gut abtropfen lassen, sodann eine Soße anrühren aus 1–2 EL Zitronensaft, 1 Prise Salz, 1 Prise Pfeffer, etwas frischem gehackten Thymian und 3–4 EL Salatöl. Diese Soße anrühren und das Fleisch einer Orange in kleine Würfel schneiden und zur Soße geben, die erst kurz vor dem Verzehr mit den frischen Blättern vermischt wird. Man kann ihn verfeinern mit angebratenen Schinkenwürfeln oder 200 g Geflügelleber, die mit etwas Salbei angebraten, gesalzen, in Streifen geschnitten und darübergestreut wird.

Rankenspinat, Malabarspinat, Indischer Spinat

Engl.: Malabar Nightshade
Basella alba, Basella rubra, Chenopodiaceae

Der grüne Rankenspinat ist im östlichen Indien beheimatet, die rote Form, *Basella rubra,* in China. Beide sind eigentlich zweijährig, werden jedoch als einjährige Pflanzen kultiviert. *Basella rubra* unterscheidet sich lediglich dadurch, daß alle Pflanzenteile purpurrot überhaucht sind. Beide sind als Kulturpflanze in den wärmeren Gebieten weit verbreitet. Der Rankenspinat entwikkelt einen kriechenden und teilweise auch kletternden Wuchs von 1,20–1,80 m Höhe. Er bildet zahlreiche fleischige, ganzrandige Blätter und kleine, grünliche, unscheinbare Blüten. Das Saatgut ist besonders lange haltbar.

Rankenspinat liebt warme Sommer.

Kulturbeschreibung

Die Kultur ähnelt derjenigen der rankenden Kapuzinerkresse. Bis in den Herbst hinein kann geerntet werden. Das Beet ist belegt von Ende Mai/Anfang Juni bis zum Herbst, so daß nur schnellebige Vorkulturen, wie z. B. Radieschen und Schnittsalat und Gartenkresse in Frage kommen. Man kann die Pflanzen unter Glas vorziehen, wobei die Aussaat Ende März erfolgt

und nach den Frösten auspflanzen. An warmer Stelle kann man Ende April bis Anfang Mai auch direkt ins Freie säen. Schutz-Folien oder Vlies erleichtern den Pflanzenstart. Der Pflanzenabstand beträgt 20×30 cm. Der Standort sollte vollsonnig und nach Möglichkeit windgeschützt sein. Besonders gut eignet sich der Platz vor einer nach Süden hin offenen Mauer. Der Boden sollte durchlässig und humos sein. Die Pflege beschränkt sich auf häufiges Gießen, wobei die Pflanzen möglichst nicht überbraust, sondern eher von

Blattgemüse

unten gegossen werden sollten. Neben Kompost benötigen sie 30–40 g pro m² eines Volldüngers. Der Boden sollte öfters gehackt und gut durchlüftet werden.

Verwendung

Die Blätter werden entweder gekocht und ähnlich wie Spinat zubereitet oder als Salat genutzt (Rezepte siehe Postelein, Gartenmelde).

Gemüseampfer, Gartensauerampfer

Engl.: Sorrel
Rumex patienta und *Rumex acetosa, Polygonaceae*

Von den zahlreichen Ampferarten, die in Deutschland und Mitteleuropa vorkommen, wurden mehrere in den Gärten kultiviert.

Der Gemüseampfer oder Englische Winterspinat *(Rumex patienta)* hat sein natürliches Verbreitungsgebiet von Südeuropa bis Vorderasien. Er wird seit dem Mittelalter in Gärten angebaut. Heute allerdings ist er nur noch in Botanischen Gärten und historischen Gärten zu finden. Im Geschmack ist er flach und uninteressant, treibt jedoch früh aus und ist ertragreich. Die Wurzeln wurden als Abführmittel gebraucht und ansonsten die Pflanze anstelle von Rhabarber genutzt. Hierauf weist auch die Bezeichnung »Echter Mönchsrhabarber« hin. Die Pflanzen erreichen einen Durchmesser von ca. 50 cm, der Blütenschaft kann 1,30 m hoch werden.

Der Gartensauerampfer (*Rumex acetosa* var. *hortensis*) wird heute noch als Küchenkraut genutzt. Die dem Gemüseampfer sehr ähnliche, aber im Geschmack intensivere Form ist in ganz Europa verbreitet. Sie ist in allem etwas zierlicher und kleiner. Sorte: 'Belleville'.

Der Römische Sauerampfer, Französische oder Schild-Ampfer *(Rumex cutatus)* wurde von den Römern eingeführt und auch in deutschen Gärten ausgepflanzt. Er ist hier kaum noch in Kultur, obwohl er von erfahrenen Köchen wegen seines schärferen Geschmacks für Suppen bevorzugt wird.

Der Alpenampfer *(Rumex alpinus)* wächst wild auf Wiesen im alpinen Gebiet. Er wird gesammelt. Er entwickelt außerordentlich große Blätter und ist ein typischer Stickstoffanzeiger, der um die Sennhütten und Mistplätze herum massenhaft wächst. Von den Bewohnern der Sennhütten wurde er als Salat oder spinatähnlich zubereitet oder in Teig und Butter ausgebacken und verzehrt.

Alle Ampferarten sind Stauden, die im Garten sehr wenig Pflege benötigen und anspruchslos an jede Art von Boden sind. Sie gedeihen in voller Sonne, aber auch noch im Schatten, werden jedoch von Schnecken sehr gerne angefressen. Sie lieben einen recht nährstoffreichen Boden und eine sauere Bodenreaktion (pH 6 oder darunter).

Gartensauerampfer, die beliebteste Ampferart.

Kulturbeschreibung

Obwohl man ältere Pflanzen teilen kann, empfiehlt sich doch die sehr leichte Aussaat aus Samen. Man sät von März bis Mai oder später bis in den August hinein sehr dünn in flache Reihen. Saattiefe 0,5 cm, Reihenabstand 30–40 cm. Zu dichte Saat wird vereinzelt auf 15–25 cm Abstand. Danach benötigt der Sauerampfer wenig Pflege. Man sollte den Boden unkrautfrei halten und reichlich wässern und ihn alljährlich mit frischem Kompost oder im Herbst mit Mist versorgen. Auch eine leichte mineralische Düngung ist angebracht (30 g pro m^2 Volldünger). Die feldmäßige Kultur ist möglich und ähnelt in vielem dem Spinat. Mehrere Schnitte sind machbar, jeweils bis kurz vor dem Erscheinen der Blütenstengel.

Sauerampfersuppe

300 g Sauerampfer werden gewaschen und grobgehackt, dann in einem Topf in 40 g Butter 5 Minuten lang angedünstet. In der Zwischenzeit 1 l heiße Fleischbrühe (Hühner- oder Rindfleisch) bereiten, den Sauerampfer hineingeben und bei milder Hitze ca. 15 Minuten lang kochen. Danach vom Herd nehmen und in einer Tasse 3 EL Dosenmilch, 2 Eigelb, Salz, weißen Pfeffer und etwas Weinessig verquirlen und unter die Suppe rühren. Wird mit geröstetem Weißbrot serviert.

Blattgemüse

Verwendung
Der Gemüseampfer wird ähnlich wie Kohl oder Spinat gekocht. Er schmeckt vorzüglich zusammen mit einigen Blättern und Schäften der Lauchzwiebel oder mit frischem Stangenporree. Im Frühjahr empfiehlt sich auch der in Buchenwäldern wild wachsende Bärlauch *(Allium ursinum)* oder der in den letzten Jahren populär gewordene Knoblauchschnittlauch als Würze. Üblich ist die Nutzung als Salat. Der Gartensauerampfer wird wegen seines säuerlichen Geschmackes zwischen grüne Salate gemischt, zwischen Spinat oder als Zugabe zu Omeletts und als Würze für Fisch.

Mangold, Römischkohl, Beißkohl

Engl.: Swiss Chard
Beta vulgaris var. *cicla, Chenopodiaceae*

Der Mangold hat sich aus der in Europa heimischen Wildform von *Beta vulgaris* entwickelt, zu der auch die Runkel- und Zuckerrüben, sowie die roten, weißen und gelben Bete gehören. Auch vom Mangold gibt es grünstielige, weißstielige und rotstielige Formen. Letztere werden häufig auch als Zierpflanze genutzt. Mangold war in den vergangenen Jahrhunderten sehr weit verbreitet. Die Blätter liefern Kochgemüse wie Spinat. Die Stiele werden wie Spargel zubereitet. In England ist der Mangold heute noch viel stärker verbreitet als Spinat, während er sich in unseren Breiten stark auf dem Rückzug befand und erst in den letzten Jahren wieder eine leichte Renaissance erlebte. Nach wie vor sehr populär ist er in der Schweiz, wo auch erhebliche züchterische Arbeit geleistet und sogar die ganzjährige Nutzung mit Anbau unter Glas in Treibhäusern praktiziert wird. Mangold wird ein- bis zweijährig kultiviert. Er entwickelt große, 30–40 cm hohe, fleischige Blätter, je nach Sorte mit unterschiedlich breiten Stielen. Besonders wertvoll ist der Stielmangold, bei dem die Blattnutzung in den Hintergrund tritt.

Kulturbeschreibung
Die Pflanzen gedeihen auf nahezu allen Gartenböden. Volle Sonne und auch Halbschatten sind geeignet.

Stielmangold 'Walliser' wächst im Freien und m Gewächshaus gleich gut.

Im Freiland erfolgt die Aussaat von Ende April bis Juni, im Gewächshaus kann man nahezu ganzjährig säen. Die Saattiefe beträgt 2 cm, Reihenabstand 30–40 cm und in der Reihe muß auf 15–25 cm Abstand verzogen werden. Die Ernte setzt ab Mitte Juni ein und kann dann laufend erfolgen, wobei immer die Herzblätter geschont werden und jeweils die äußeren Blätter in die Küche wandern. Mangold verträgt Frost und treibt sehr zeitig im Frühjahr aus. Im Gewächshaus kann man fortlaufend ernten, wobei nur das mangelnde Licht im Winter die hohen Erträge bremst. Mangold liebt eine kräftige, organische Düngung mit Kompost oder angerottetem Stallmist. Bei mineralischer Düngung werden zwischen Juni und August 2 × 40 g Volldünger/m² gegeben. Im zweiten Jahr ist noch eine zeitige Ernte im Frühjahr möglich, danach setzt die Blütenbildung ein. Verschiedene Sorten sind erhältlich. 'Grüner Schnitt' für die Verwendung als Spinat. 'Glatter Silber' und 'Lukullus', wenn neben den Blättern auch die Stiele gewünscht sind und 'Walliser' und 'Genfer Spezial', wenn es vor allem auf die Stiele ankommt.

Verwendung

Die Blätter werden wie Spinat zubereitet, wobei der Geschmack etwas strenger ist, Ausbeute und Ertrag liegen jedoch höher. Die Blattstiele ergeben ein delikates Gericht: Man wäscht und schält sie dünn, schichtet sie in 6–7 cm lange Stücke geschnitten in eine Kasserolle. Gibt in Streifen geschnittenen Schinken oder Salami hinzu, würzt mit Salz, Pfeffer und etwas Muskat, gart in wenig Wasser und überbäckt das Ganze im Ofen mit Käse. Schmackhaft ist auch eine weiße holländische oder Béchamelsoße.

Blattgemüse

Bremer Scherkohl, Schnittkohl

Brassica rapa, Cruciferae

Der Bremer Scherkohl ist eine Spezialität aus Ostfriesland und dem Küstenraum. Infolge seines sehr unkomplizierten Wachstums, der Frosthärte und der kurzen Kulturzeit ist er auch heute noch jedem Garten-, Frühbeet- und Gewächshausbesitzer sehr zu empfehlen. Ausgewachsen entpuppt sich der Bremer Scherkohl als Raps, dessen Blätter im Jugendstadium für die menschliche Ernährung hervorragend geeignet sind. Der Geschmack ist mild und angenehm. An den Boden werden keine Ansprüche gestellt. Der Standort sollte nicht zu schattig sein.

Kulturbeschreibung

Am besten gelingt der Bremer Scherkohl in den Frühjahrs- und Herbstmonaten. Die Aussaat erfolgt breitwürfig oder in Reihen, wobei letztere Methode wegen der leichteren Hackarbeiten Vorzüge besitzt. Der Samen wird fortlaufend dünn ausgebracht, so daß ein Abstand in der Reihe von 3–4 cm und zwischen den Reihen von ca. 20 cm entsteht. Verziehen ist nur bei sehr dichter Aussaat notwendig. Man rechnet

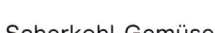

Scherkohl-Gemüse

1 kg Scherkohl wird verlesen, gewaschen und grob geschnitten. In einer Pfanne brät man in Butter kleingeschnittene Zwiebeln goldbraun und gibt 2 TL Mehl darüber, 2–3 Minuten verrühren. Danach kommt der Scherkohl hinzu. Man kann ihn verfeinern mit $\frac{1}{4}$ l Sahne und 1 TL Tomatenkonzentrat oder einer in Würfel geschnittenen frischen Tomate. Mit etwas Zucker, Salz, Pfeffer und Zitronensaft abschmecken und 20 Minuten bei geringer Hitze garen. Von Zeit zu Zeit durchrühren. Hierzu passen Eier oder Schweinefleisch.

etwa 2 g Samen pro m²; Saattiefe 1 cm. Schon nach 5–7 Wochen erfolgt die Ernte. Im Prinzip kann zwischen Ende März und November ständig gesät werden. Die besten Säperioden liegen zwischen Ende März und Anfang Mai, sowie zwischen Anfang September und Oktober.

Verwendung
Die jungen Blätter und Stiele werden in einer Höhe von etwa 15–20 cm abgeschnitten und wie Spinat verwendet. Besonders Rezepte m t Blattspinat passen ausgezeichnet. Putzarbeit entfällt weitgehend.

Bremer Scherkohl, Spezialität von der Küste.

Butterkohl

Brassica oleracea var. *sabauda* convar. *fimbriata, Cruciferae*

Butterkohl ist eine Besonderheit aus Mitteldeutschland, die heute kaum noch kultiviert wird, aber dennoch Beachtung verdient. Eine ähnliche Varietät findet sich im Mailänder Raum, von wo dieser wirsingähnliche Kohl möglicherweise importiert wurde. Er formt einen lockeren, nicht ganz geschlossenen Kopf mit hochrunden Blättern, die sehr wenig gekräuselt sind. Die Farbe ist hellgrün, die mittleren gelbgrün und insgesamt viel zarter und schmackhafter als Wirsing. Er ist besonders delikat in der Frühreife (Juni/Juli), kann aber ohne weiteres längere Zeit auf dem Feld stehen, sogar bis in den Winter hinein. Der Boden soll nährstoffreich und humos sein, der Standort sonnig bis halbschattig. Auf Lehmboden bleibt er besonders lange zart.

Blattgemüse

Kulturbeschreibung

Die Aussaat erfolgt in ein Saatbeet, im Frühbeetkasten oder im Freien, von wo aus später verpflanzt wird. Saattiefe 0,5–1 cm; 3–4 Wochen nach dem Aufgang verpflanzt man an den endgültigen Standort: Pflanzenabstand 40 × 40 cm. Der Butterkohl hat wie alle Kohlgewächse einen hohen Nährstoffbedarf. Reichlich Kompost und verrotteter Mist bzw. 3 Düngergaben von jeweils 40 g Volldünger sind angebracht. Immer reichlich wässern, damit der Kohl zart bleibt.
An Schädlingen sind zu erwarten: Kohlfliege, Blattlaus, Kohlweißlingsraupen.

Verwendung

Butterkohl kann man ähnlich wie einen Wirsingkohl behandeln, d.h. den Kopf im ganzen ernten. Er läßt sich jedoch auch ähnlich wie Pflücksalat behandeln, d.h. wenn das Herz stehen bleibt, kann man diesen Kohl Blatt für Blatt über eine längere Zeit ernten, weil sich ständig neue Blätter bilden. Am besten schmeckt er zur Zeit der Frühreife, also Anfang bis Mitte Juli, jedoch auch bis in den Winter hinein. Man verwendet ihn nach Rezepten wie für Blumenkohl üblich oder für den frühen Spitz- und Wirsingkohl. Er wird in Viertel oder Streifen geschnitten und im Salzwasser gedünstet.

Butterkohl schmeckt zarter und angenehmer als Wirsing.

Meerkohl, Seekohl

Er gl.: Seakale
Crambe maritima, Cruciferae

Der Meerkohl ist in Nordeuropa zu Hause. Er wächst wild entlang der deutschen Nord- und Ostseeküste, kommt häufig in England vor und entlang der Atlantikküste. In Deutschland steht er unter Naturschutz. In den Küstengebieten wurden die Schosse und Blätter im Frühjahr gesammelt. Sie sind besonders Vitamin-C-reich. Später entwickelt sich eine 50–60 cm hohe Staude mit weißen Blüten und starker, mehrköpfiger Pfahlwurzel. Die Blätter sind dick, am Rand gekraust und blaugrau bereift.

Kulturbeschreibung

Meerkohl wächst leicht und kann auch leicht getrieben werden. Er stellt wenig Ansprüche an den Boden, sowohl auf Sand als auch auf Lehmböden gedeiht er, sogar auf salzhaltigen Böden. Der Standort sollte sonnig sein. Mit seinen dekorativen weißen Blüten paßt er auch in einen Ziergarten. Die Aussaat erfolgt auf ein Saatbeet oder in einem Frühbeetkasten in der Zeit von Februar bis April unter Glas oder von April bis Mai im Freiland. Auch im Herbst zwischen Mitte September

bis Mitte Oktober kann noch gesät werden. Die Setzlinge kommen ins Freiland im Abstand von 60 × 60 cm. Meerkohl kann reichliche Düngung vertragen, d. h. vor der Pflanzung mit angerottetem Mist und während der Kultur 2–3 Gaben von 30–40 g Mineraldünger pro m². Den Winter über deckt man mit Reisig, Stroh

Wilder Meerkohl steht unter Naturschutz.

Getriebener Meerkohl ist besonders delikat.

kann die Wurzeln auch ausgraben und während des Winters in einem warmen Raum oder Gewächshaus zum Treiben ansetzen. Die Ernte erfolgt bis in den Monat April hinein. Abgetriebene Wurzelstöcke lassen sich wieder verwenden und zwar 4–5 Jahre lang. Bei Beginn der Blüte werden die Triebe bitter und damit ungenießbar. Seekohl kann auch vegetativ über Wurzelschnittlinge vermehrt werden.

Verwendung

Man benutzt die zarten, saftigen jungen Triebe und jungen Blätter. Die Blätter lassen sich in einem Salat verwenden. Die Stiele können roh gegessen werden, ähnlich Stangensellerie. Für die Zubereitung des getriebenen Meerkohls eignen sich Rezepte wie beim Spargel.

oder Laub ab. Die Ernte erfolgt im Frühjahr, wenn die jungen Triebe erscheinen. Man kann sie ähnlich wie Rhabarber durch darübergestülpte Eimer oder Töpfe verfrühen. Man

Stielmus, Blattstiele, Rübstiel, Mairüben, Namenia

Brassica campestris var. *rapa, Cruciferae*

Stielmus ist eine alte, immer weniger kultivierte Spezialität aus dem Rheinland und darüber hinaus kaum bekannt. Auch in Holland weiß man seine Vorzüge zu schätzen. Geerntet werden die jungen Blattstiele

und Blätter. Dieses Ergebnis läßt sich aus zwei gänzlich verschiedenen Gemüsen erzielen, nämlich traditionell aus Mairüben der Sorten 'Holländische weiße' oder aus der Herbstrübensorte 'Runde weiße rot-

Stielmus wird im Rheinland als zartes Frühjahrs- und Herbstgemüse gegessen.

köpfige', zum anderen aus dem Blattstielgemüse »Namenia«. Während erstere bei entsprechend weiter Aussaat richtige Rüben ausbilden (s. Seite 66) wächst letztere gänzlich verschieden, nämlich als blattreiche Pflanze mit schopfartigem Wuchs und ausgewachsen mit einem Durchmesser von ca. 35 cm. Namenia bildet keine Rübe. Sie ist dem aus Japan bekannten »Mizuna« zum Verwechseln ähnlich. Eine Weiterentwicklung mit schnellerem Wuchs namens 'Hymenia' wird von den Gärtnern zum Treiben benutzt.

Kulturbeschreibung
Bevorzugt wird ein sandiger leichter Boden, der humusreich sein sollte, jedoch gedeiht die Kultur auch auf anderen Böden. Der Standort kann sonnig bis halbschattig sein. Man sät die Mairüben dicht in Reihen oder breitwürfig (2,5–3 g Samen pro m²). Namenia läßt sich auch ver-

pflanzen im Abstand von 35 cm und über eine längere Periode ernten, während der Aufwuchs aus Stielmus bei Temperaturen von 10–15 °C sich innerhalb von 5–7 Wochen zur Schnittreife entwickelt. Die Aussaat ist möglich zwischen Ende Februar bis Anfang Oktober. Für Gewächshausbesitzer ist die Stielmuskultur besonders interessant, da sie sehr wenig Wärmeansprüche stellt. Die Nährstoffansprüche sind gering (20–30 g Volldünger pro m²). Aus gedüngter Vorkultur und auf gut gedüngtem Boden kommen die Pflanzen ohne jede Düngergabe aus.

Verwendung
Geerntet werden die zarten, getriebenen Stiele. Sie werden kleingehackt, gedünstet und mit einer holländischen Soße verfeinert. Gewürze wie Pfeffer und Muskat oder Sauerrahm geben verschiedene Geschmacksnoten.

Blattgemüse

Rauke, Salatrauke, Ruka

Franz.: Roquette, Engl.: Rocket
Eruca sativa, Cruciferae

Die Rauke ist eine alte Kulturpflanze, die überall im Mittelmeerraum vorkommt, außerdem in der
Türkei bis hin nach Afghanistan. Sie
entwickelt kleine, radieschenähnli-
che, behaarte Blätter, die im Frühjahr und Herbst einen guten Salat
ergeben. Während der Sommermonate wird der ansonsten sehr
angenehme, ungewöhnliche Geschmack, der sich zwischen Erdnuß
und Kresse bewegt, leicht streng.
Die Pflanzen schießen dann auch
schnell in Blüte. Im Mittelalter hat
man die Rauke als harntreibendes
und verdauungsförderndes Kraut
geschätzt. An den Boden werden
kaum Ansprüche gestellt. Rauke
gedeiht in voller Sonne und im Halbschatten, jedoch nicht im vernäßten
Boden.

Kulturbeschreibung

Die Kultur der schnellwachsenden
Pflanzen ist sehr einfach. Sie gedeihen sowohl auf Beeten im Freiland
als auch im Gewächshaus in Töpfen
und Balkonkästen. Für die Freiland-
kultur wird zwischen April und Anfang September fortlaufend, z. B.
alle 2 Wochen, dünn in Reihen oder

Reis mit Rauke

Man benötigt dafür eine feinge-
hackte Zwiebel, eine Knob-
lauchzehe, ebenfalls klein gehackt, die in Butter leicht gedünstet werden. Nach und
nach $\frac{1}{4}$ l Weißwein oder Apfel-
saft zugeben und in der Zwischenzeit 1 l Fleisch- oder Ge-
müsebrühe ansetzen. Naturreis
in die Pfanne geben und die
Flüssigkeit allmählich auffüllen,
bis der Reis darin gequollen ist.
Sodann werden ca. 150 g Blätter der Rauke gewaschen und
feingeschnitten, unter den Reis
gegeben und mit geriebenem
Käse überstreut. Man läßt das
Risotto kurz zugedeckt durch-
ziehen und verziert mit einigen
Blättern der Rauke.

breitwürfig gesät (Saatbedarf 1,5 g
pro m^2). Saattiefe ca. 0,5 cm. Im Gewächshaus kann ganzjährig kultiviert werden. Je nach jahreszeitlich
bedingten Verhältnissen dauert die
Kultur 3–5 Wochen.

Verwendung
Geerntet werden die zarten Blätter
vor der Blüte, wenn sie 5–10 cm
lang sind. Sie werden gewaschen,
klein geschnitten und unter zuberei-
tete Salate als delikate Abrundung
des Geschmacks gemischt (z. B.
Nudel-, Reis-, Kartoffel-, Wurst-,
Eier-Salat sowie alle grünen Salate
und zu Radieschen). Man kann die
Rauke auch für sich alleine als Salat
zubereiten, ähnlich wie Kresse, und
zwar in einer Soße aus gehackten
Zwiebeln, etwas Salz, Pfeffer, Zuk-
ker und Zitronensaft. Auch die
Kombination mit Erdnüssen, ge-

Die Salatrauke besitzt einen ungewöhnlichen
Geschmack.

hackter Petersilie oder Dill bringt
eine wohlschmeckende Abwechs-
lung. Den Salat kann man mit hart
gekochtem Ei oder Radieschen-
scheiben verzieren. Aus der toska-
nischen Küche ist auch ein Reis-
rezept bekannt (s. S. 114).

Filderkraut,
Pommersches Spitzkraut

Brassica oleracea capitata, Cruciferae

Die frühesten Kohlformen sind in
Westeuropa heimisch. Hieraus haben sich im Laufe der Zeit zahllose
Arten und Sorten entwickelt, unter
anderem auch das zur Sauerkraut-

herstellung sehr beliebte Filderkraut
mit spitzkegeliger Form. Der Name
weist auf die Filderebene, eine
Landschaft im Süden von Stuttgart
h n, wo die Köpfe traditionell ange-

Blattgemüse

Das Filderkraut eignet sich besonders gut zur Sauerkrautherstellung.

baut werden. Ähnliche spitzkegelige Typen hat es in ganz Deutschland gegeben, worauf noch einige Sortenbezeichnungen hinweisen. Insgesamt sind die meisten von ihnen jedoch stark in Gefahr auszusterben (z. B. 'Pommersches Spitzkraut' – mittelspät, 'Erstling', 'Winnigstätter weißer spitzer' – mittelfrüh). Sie alle werden überlagert von den heute mehr gebräuchlichen, rationeller zu verarbeitenden runden Sorten und F 1 Hybriden. Das Filderkraut wird wegen geringer Marktbedeutung bereits in den nächsten Jahren verschwinden, wenn sich nicht in letzter Minute noch ein Erhaltungszüchter findet. Dabei kann es durchaus mit attraktiven Qualitäten aufwarten. Es bildet große lappige Blätter, die sich auch für Kohlrouladen eignen, es ist ertragreich und über eine sehr lange Periode hin lagerfähig, bleicht dabei sehr gut, was den aus dem Lager kommenden Köpfen ein ungewöhnliches Aussehen verleiht. Die Blätter sind fein und dicht gelagert, weshalb das Filderkraut den Ruf genießt, zu den besten Sorten zum Selbsteinmachen von Sauerkraut zu gehören.

Kulturbeschreibung

Filderkraut bevorzugt einen nährstoffreichen, humosen, schweren
Boden, zumindest einen feuchten
Standort, der die späte Ausreife im
Oktober/November erlaubt. Die
Aussaat ist entweder möglich im
Herbst (August) mit Überwinterung
der Jungpflanzen im freien Feld
oder besser noch Ende März/April
für die Sommerkultur. Empfehlenswert ist auf jeden Fall die Anzucht in
einem Saatbeet oder Frühbeet, wobei 1,5–2 g Samen dünn verteilt ausgesät und 0,5–1 cm dick mit Erde
bedeckt werden. Auch die Aussaat
in Reihen ist üblich. Nach 3–4 Wochen werden die stärksten Pflanzen
an den endgültigen Standort ausgepflanzt, Abstand 60 × 60 cm. Vor
dem Auspflanzen gibt man eine
leichte flüssige Startdüngung und
von Anfang an wird auf Schädlingsbekämpfung geachtet (s. S. 46).
Erdflöhe, Läuse, Kohlfliegen,
Schnecken und später auch Raupen können dem Kohl gefährlich
werden. Neben vorhergehen-
der Mistdüngung, reichlichen
Kompostgaben wird Mineraldünger gegeben in 3–4 Gaben à 40 g
pro m².

Verwendung

Filderkraut eignet sich sehr gut für
Rohkost und, weil die Blätter dünn
und fein geschichtet sind, besonders gut zum Selbsteinlegen von
Sauerkraut: Man benötigt dazu einen Steintopf mit Deckel, in den
sauberes fein geschnittenes Kraut
unter Zugabe von Salz (zur Verfeinerung auch Buttermilch, Joghurt
oder Wein) geschichtet wird (400 g
Salz pro 10 kg Kohl). Die Schicht
wird gestampft bis der Saft darüber-
tritt (Luftabschluß), anschließend
mit Leinentuch abdecken und mit
einem Stein beschweren! Bei
18–20 °C erfolgt die Gärung, die
nach 10–12 Tagen abgeschlossen
ist. Danach kühler stellen und nach-
reifen lassen. Nach 6 Wochen ist
das Sauerkraut fertig.

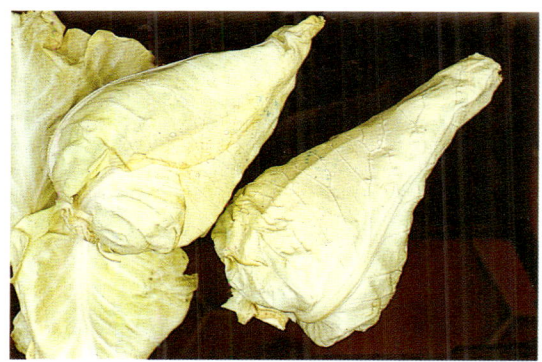

Die äußeren Blätter werden
abgeputzt. Filderkraut ist
lange lagerfähig.

Zwiebelgemüse

Etagenzwiebel, Schlangenlauch, Rockenbolle, Ägyptische Zwiebel

Engl.: Tree Onion
Allium cepa, Liliaceae

Die Etagenzwiebel gehört zu den wenigen Pflanzenarten, die sich nur vegetativ vermehren lassen. Anstelle der Blüte entwickelt die Pflanze auf 30–40 cm hohen Schlotten eine Handvoll von Brutzwiebeln, die bereits in luftiger Höhe ausschlagen und dort beginnen, Wurzeln zu bilden. Sie besitzen grünbraune Farbe und einen kräftigen, entfernt knoblauchähnlichen Geschmack, ähnlich dem der ebenfalls

Die Etagenzwiebel bildet niemals Samen.

vegetativ vermehrbaren Schalotten. Selten erreicht ihre Größe mehr als 2,5–3 cm Durchmesser. Die kleineren Zwiebeln nimmt man ab zur Weitervermehrung, die größeren werden in der Küche verwertet. Diese Zwiebelart ist außerordentlich winterhart und liefert das ganze Jahr über frisches Zwiebellaub.

Kulturbeschreibung

Die Etagenzwiebel ist äußerst anspruchslos. Sie gedeiht sowohl auf lehmigen, als auch auf leichtesten Sandböden, benötigt jedoch vollsonnigen Stand. Man steckt die Bulbillen im Abstand von 10–15 cm, 1–2 cm tief in den Boden, wo sie sehr bald bewurzeln. Reifer Kompost oder eine leichte Düngung von 20–30 g Volldünger pro m^2 reichen der Pflanze zur Ernährung.

Verwendung

Das frische Laub steht zum Würzen von Salaten, Suppen und Speisen ganzjährig zur Verfügung, an geschützter Stelle auch während des Winters. Die Zwiebeln benutzt man in der Küche oder zum Einmachen von süßsauer eingelegtem Gemüse.

Birnenförmige Zwiebeln

Allium cepa, Liliaceae

Unter den zahlreichen Zwiebelsorten gibt es auch birnenförmige, die sich in einigen deutschen Landschaften, wie z. B. in Franken, aber auch in den angrenzenden europäischen Ländern wie Dänemark und England bis in die heutige Zeit erhalten haben. Ihre Form ist langoval, das Fleisch fest und sehr haltbar, die äußere Haut gelb bis braun oder kupferfarben. Nach relativ kurzer Kulturzeit werden sie nicht allzu groß, verfügen jedoch über einen kräftigen Geschmack und sehr gute Lagerfähigkeit.

Kulturbeschreibung

Man sät den schwarzen Samen sehr zeitig im Frühjahr auf ein gut bereitetes Saatbeet im Freien dünn in Reihen. Saattiefe 2–3 cm, Reihenabstand 20–25 cm. Der Standort soll warm, sonnig und der Boden humos, durchlässig und nährstoffreich sein. Zwiebeln benötigen sehr viel Kali und Phosphor, dagegen in geringerem Maße Stickstoffdünger, wofür neben abgelagertem Kompost vor allem organische Dünger in Frage kommen. Bei Mineraldüngergaben genügen neben der Grunddüngung 2 Gaben à 40 g Volldünger pro m², die letzte Düngung erfolgt im Juli, um die Abreife nicht zu behindern. Die birnenförmige Zwiebel reift sehr gut ab. Das Laub muß also nicht umgeknickt werden, sondern zieht von selbst ein. Die Ernte erfolgt ab August. Man lagert die Zwiebel an einem luftigen trockenen Platz, z. B. in einer Obststeige oder flach ausgebreitet in Spankörben.

Verwendung

Die birnenförmige Zwiebel wird wie jede andere Haushaltszwiebel zum Würzen für Salate und für Rohkost verwendet.

Birnenförmige Zwiebeln sind in Franken populär.

Zwiebelgemüse

Engl.: Welsh Onion
Allium fistulosum, Liliaceae

Die Winterheckezwiebel hat in den Bauerngärten stets einen wichtigen Platz eingenommen. Die Pflanze ist in Sibirien oder Ostasien beheimatet. Genutzt wird das Laub, weil der zwiebelförmige Ansatz des Stammes ohne Bedeutung ist. Das Laub ist bauchig aufgeblasen. Im Sommer (Juli/August) erscheinen die zahlreichen weißen Blüten. Die Pflanzen bestocken sich gut.

Kulturbeschreibung

Bevorzugt wird ein sonniger, warmer Standort, auf humosem, gut mit Nährstoffen angereicherten Boden. Die Teilung vorhandener Bestände ist möglich. In der Hauptsache jedoch wird man zur Aussaat greifen. Sie erfolgt zeitig im Frühjahr März/April bis Mai in Reihen von 25 bis 30 cm Abstand, Saattiefe 2–3 cm. Nach dem Aufgang erfordert die Winterheckezwiebel kaum noch Aufmerksamkeit, von Hacken und Gießen abgesehen. Gelegentliche Kompostgaben oder Mineraldüngergaben (30 g pro m²) 2mal während der Vegetationsperiode reichen zur Ernährung. 3–4 Monate nach der Aussaat kann die erste

Johannislauch ist völlig winterhart.

Ernte erfolgen, die sich über mehrere Jahre hinzieht. Meistens wird nach 3–4 Jahren neu aufgepflanzt und der Standort gewechselt.

Verwendung

Die Nutzung ähnelt dem des Schnittlauches, d. h. das Laub wird

abgeschnitten und in der Küche zum Würzen verwendet.

Gärtner benutzen die Winterheckezwiebel anstelle von Schnittlauch für eine späte Aussaat, die im Juli in Töpfen erfolgt und im Spätherbst schnittlauchähnliche Töpfe liefert.

Beliebt mit Quark. Als Gemüse werden die Schlotten in gewürfeltem Speck angebraten, sodann mit Salz und Pfeffer gewürzt und in etwas Apfelwein kurz aufgekocht. Mit Petersilie bestreut paßt dieses Gericht zu Schweinebraten.

Süßdolde, Großer spanischer, wohlriechender Kerbel

Engl.: Sweet Cicily
Myrrhis odorata, Umbelliferae

Die Süßdolde ist in Europa heimisch, eine Staude von 1 m – 1,30 m Höhe, deren Blütezeit im Mai bis Juni liegt. Die weißen Dolden entwickeln später schmückende Fruchtstände mit schwarzem Samen. Die Blätter sind sehr groß, geteilt und von graugrüner Farbe. Duft und Geschmack der Pflanzenteile sind süß, anisartig, worauf sich der Name zurückführen läßt. Die Süßdolde hat nie eine sehr große Bedeutung erlangt, wird jedoch gelegentlich in Bauerngärten kultiviert, wo sie feuchte humusreiche Stellen bevorzugt. Die Süßdolde ist nicht zu verwechseln mit der alten Kulturpflanze Smyrner Kraut *(Smyrnium ulosatrum),* auch Möhrenkraut, Gelbdolde, Gespinst oder Pferdeeppich genannt, die eine ähnliche

Größe erreicht. Blätter und Stengel riechen angenehm würzig. Die Samen sind ebenfalls verhältnismäßig groß und schwarz. Das Smyrner Kraut ist in Europa heimisch, von Syrien bis zu den Kanarischen Inseln und in Südwesteuropa bis England. Der Geschmack des Smyrner Krauts ist sellerieartig. Wurzeln und Blattstiele wurden gekocht und als Gemüse oder Salat zubereitet. Im Gegensatz zur Süßdolde wurde das Smyrner Kraut jedoch bereits im letzten Jahrhundert nicht mehr benutzt, es wurde durch den Blattsellerie verdrängt.

Kulturbeschreibung
Der Samen der Süßdolde wird kurz nach der Reife ausgesät, also August/September und bis zum Win-

tereinbruch ausgebracht. Er gehört zu den Kaltkeimern, benötigt also Frosteinwirkung. Aussaaten im Frühjahr gelingen nicht. Empfehlenswert ist die Anzucht der halbschatten- und schattenliebenden Pflanze in Saatkistchen mit humoser Aussaaterde. Saattiefe 1 cm. Nach dem Angießen wird die Saatschale mit transparenter Plastikfolie umhüllt und an einen schattigen, geschützten Platz im Freien untergebracht. Im Herbst erfolgt noch bei warmen Temperaturen das Vorquellen des Samens, der anschließend durch Kälteeinwirkung zum Keimen stimuliert wird und im April bis Mai mit den Sämlingen erscheint. Will man die Kultur abkürzen, kann man die Schale besäen, angießen und an einem warmen Platz 2–3 Wochen lang bei 18–20 °C ankeimen. Anschließend wird sie in einen Plastikbeutel 3–4 Wochen lang im Kühlschrank aufbewahrt. Bei mäßigen Temperaturen um 10 °C setzt anschließend im Gewächshaus, Zimmer oder im Freien die Keimung ein.

Jungpflanzen benötigen feuchten Boden und einen halbschattigen Standort. Man pflanzt sie am besten einzeln oder in Gruppen im Abstand von 60 × 80 cm. Die grazile Süßdolde paßt gut in Staudenbeete, wo sie alljährlich neu austreibt.

Verwendung

Die Samen wurden früher zerstoßen und zum Einreiben von Holz und Fußböden benutzt. Ihr Anisduft und ihr Glanz waren hoch geschätzt. Die weichen Blätter werden gern zum Würzen von Salaten benutzt. Sie schmecken süß und scharf zugleich. Die Wurzeln kann man kochen und mit Essig und Öl abschmecken; zu Fleischgerichten.

Die Süßdolde erinnert in ihrer Erscheinung ohne Blüten an einen Farn. Der Geschmack ist anisartig.

Bärlauch, Wilder Knoblauch

Allium ursinum, Liliaceae

Der Bärlauch ist in Mitteleuropa heimisch, ein ausdauerndes Zwiebelgewächs mit 20–50 cm hohen Blättern, die denen der Maiglöckchen ähneln. Der Stengel trägt im Mai/Juni eine flache, vielblütige Dolde mit weißen Blüten. Sein Auftreten ist in lichten Wäldern mitunter massenhaft, so daß der ganze Boden bedeckt ist. Von dort aus wandert er auch in feuchte schattige Gärten ein, wo er sich durch Aussaat ebenfalls verbreitet. Alle Pflanzenteile duften nach Knoblauch, was auf eine enge Verwandtschaft hindeutet.

Kulturbeschreibung

Der Standort soll feucht und schattig sein. Da die Pflanzen schon bald nach der Blüte einziehen, kann man an dieser Stelle eine Zweitnutzung vorsehen, z. B. mit Kapuzinerkresse. Am Naturstandort findet man den Bärlauch meistens auf Kalk, jedoch gedeiht er im Garten auch auf sandigen Böden. Die Aussaat erfolgt vom Herbst an (August bis spätestens Februar). Der Samen gehört zu den Kaltkeimern und benötigt Frosteinwirkung um zu keimen. Bei Aussaat in Schalen sollte man anfangs 3–5 Wochen lang warme Temperaturen geben, d. h. bei 15–20 °C aufstellen. Anschließend nach draußen, z. B. unter einen schattigen Busch, wo Schnee und Frost einwirken können. Falls die Zeit nicht mehr ausreicht, stellt man die Schale in einen Kühlschrank bei Temperaturen bis höchstens +4 °C. Ungeeignet ist die Tiefkühltruhe, weil der Samen dort bei zu schnellem Temperaturabfall erfriert. Nach 4–6 Wochen Kühlbehandlung kann man die Schale bei 8–12 °C aufstellen oder im April/Mai unter natürlichen Bedingungen den Aufgang erwarten. Damit die Samen in dieser langen Zeit nicht austrocknen, gibt man die Saatschale in eine transparente Plastiktüte und verschließt sie, so daß keine Feuchtigkeit entweichen kann. Die Direktsaat im Freien in Reihen oder auch breitwürfig ist während der Herbstmonate auch möglich. Saattiefe 1–2 cm.

Ebenfalls möglich ist es, einige Zwiebeln an schattiger Stelle oder an einem Plätzchen, wo die Pflanzen nicht gestört werden, in den

Kräuter

Bärlauch ist eine gesunde Alternative zum Knoblauch.

Kräutergarten zu pflanzen, von wo aus über Saatgut die weitere Ausbreitung erfolgt. In der Kultur ist Bärlauch sehr anspruchslos. Gelegentliche Kompostgaben und reichlich Feuchtigkeit sind alles, was er benötigt.

Verwendung
Als Verwandte des Knoblauchs kann man mit dem Bärlauch ähnliche Heilerfolge erzielen. Man muß ihn frisch verwenden, weil beim Trocknen die wirksamen Stoffe verloren gehen. Verwendet werden die jungen Blätter vor der Blüte, gehackt zu Mischsalaten und Soßen oder als Würze, wie Knoblauch in Suppen, Gemüsen und zu Fleisch-

gerichten. Hervorragend ist er auch als Geschmacksverbesserer in Weichkäsearten und Quark. Die Inhaltsstoffe regen die Verdauung an und werden in der Erfahrungsmedizin genutzt bei Krankheiten der Galle, der Leber, des Magens und des Darmes. Er wirkt bei fortgeschrittener Arterienverkalkung, bei erhöhtem Blutdruck, bei Würmern und Leberleiden.
Wer magenempfindlich ist, sollte die Zwiebel zerschneiden, in warmer Milch 2–3 Stunden ziehen lassen und die Milch schluckweise trinken oder einen Saft daraus herstellen, der tropfenweise (10–20 Tropfen, 10–20mal am Tage) genommen wird.

Weitere Informationen

Diese Liste erhebt keinen Anspruch auf Vollständigkeit. Insbesondere seltene und schwierig erhältliche Gemüsearten und -sorten wie die in diesem Buch behandelten unterliegen einem stärdigen Wechsel auf der Anbieterseite. Auch die Samenqualität wird nicht immer hohen Ansprüchen genügen. Um Ihnen jedoch zeitraubendes Suchen weitgehend zu ersparen, werden neber einigen anerkannten Saatgutproduzenten vor allem private und öffentliche Einrichtungen genannt, die sich um den Erhalt der Arten- und Sortenvielfalt bemühen.

Samenzüchter und Saatgutproduzenten

(weiser auf Anfrage lokale Bezugsquellen nach)

Austrosaat AG, Ober-Laaer Str. 279,
A-1105 Wien

Karl Hild, D-7142 Marbach/Neckar

Samen-Mauser,
CH-8600 Dübendorf

Bornträger GmbH,
Heil- und Gewürzpflanzen,
D-6521 Offstein/Worms

Bruno Nebelung, Albersloher Weg,
D-4400 Münster/Westfalen

Chiltern Seeds Bortree Stile,
GB-Ulverston, Cumbria LA 127PB

Carl Sperling u. Co. (Sperli-Samen),
Postfach 2640, D-2120 Lüneburg

Suffolk Herbs Sawyers Farm,
GB-Little Cornard, Sudbury
Suffolk CO10 ONY

Thompson and Morgan,
GB-Ipswich, Suffolk IP2 OBA

Samen-Vatter AG, Sägestraße 65,
CH-3098 Köniz

Julius Wagner, Postfach,
D-6900 Heidelberg

Peter Pik, Zonen, Postbus 95,
NL-8440 ao Heerenveen

Privatpersonen und Samenpflegevereinigungen

Abtei zur hl. Maria,
Nonnengasse 16, D-6400 Fulda

Samenpflegevereinigung Reinhild Frech-Emmelmann,
A-3572 St. Leonhard a. Hw. Nr. 69

Verein VEN, c/o Ludwig Watschong, Ahornweg 6,
D-3525 Arenborn

Pro Specie Rara, Postfach,
CH-9003 St. Gallen

Seed Savers Exchange, c/o Kent Whealy, Rural Route, Box 239,
USA-Decorah, Iowa 52101

Forschungsinstitut für biologischen Landbau,
Bernhardsberg,
CH-4104 Oberwil BL

Botanicus-Brief, Reinhold Frank, Grethenweg 36,
D-6000 Frankfurt/Main

Öffentliche Einrichtungen

Botanische Gärten in vielen Städten

Gärtnereien der Institute für Gemüsebau und Landwirtschaft an Landwirtschaftlichen und Gärtnerischen Universitäten und Fachhochschulen an zahlreichen Orten

Institut für Botanik der
Universität Hohenheim,
D-7000 Stuttgart-Hohenheim

Institut für Pflanzenzüchtung, c/o Prof. Dambroth,
D-3300 Braunschweig

Landeskammer für Land- und Forstwirtschaft,
c/o Dr. Müller, Hamerlinggasse 3, A-8011 Graz

Landesversuchsanlage für Spezialkulturen,
A-8551 Wies/Steiermark

Freilichtmuseen mit Gemüse- gärten oder Kräutergärten

Den Fynske Landsby,
DK-5400 Odense

Molfsee, D-2100 Kiel-Molfsee

Schwarze Berge, D-2000 Hamburg-Harburg

Ammerland, D-2903 Bad Zwischenahn

Niedersachsen, D-4590 Cloppenburg

Westfälisches Freilichtmuseum, D-4930 Detmold

Hohenloher Freilichtmuseum,
D-7170 Schwäbisch-Hall-Wackershofen

Bauernhausmuseum,
D-7425 Hohenstein-Ödenwaldstetten

Schwarzwälder Freilichtmuseum,
D-7611 Gutach/Schwarzwaldbahn-Kinzigtal

Freilichtmuseum Oberbayern, Glentleiten, D-8110
Murnau/Staffelsee

Register

Register

Tips und Ideen für Gartenfreunde

BLV Gartenberater
Christiane Widmayr
Alte Bauerngärten – neu entdeckt
Praktische Anleitungen für Hobbygärtner, die einen Bauerngarten nach traditionellem Vorbild gestalten wollen: Gestaltungsmerkmale, Gemüse und Kräuter, Bauerngartenblumen und alte Kulturpflanzen, Obst, Sträucher und Kübelpflanzen.
4. Auflage, 175 Seiten, 85 Farb- und 31 s/w-Fotos, 9 farb. und 17 s/w-Zeichn.

Marie-Luise Kreuter
Der Bio-Garten
Das Standardwerk des biologischen Gärtnerns: Grundlagen und praktische Tips zu Themen wie z.B. Mulchen, Fruchtwechsel, Mischkulturen, Pflanzenschutz, Düngung auf natürlicher Basis u.v.m. In den Hauptteilen »Nutzgarten« und »Ziergarten« erhalten Sie Anleitungen zur Aussaat, Pflanzung, Pflege und Ernte.
10. Auflage (Neuausgabe), 319 Seiten, 334 Farbfotos, 143 farbige Zeichnungen

BLV Gartenberater
Günther Liebster
Freude und Erfolg im eigenen Gemüsegarten
Anbau-Anleitungen für alle wichtigen Gemüsearten: Sortenauswahl, Anzucht, Pflege, Düngung, Pflanzenschutz, Ernte; Aussaat- und Pflanztabelle.
191 Seiten, 108 Farbfotos, 2 s/w-Fotos, 19 Zeichnungen

BLV Garten- und Blumenpraxis 320
Marie-Luise Kreuter
Der naturgemäße Kräutergarten
Geschichte der Gewürz- und Heilkräuter; praktische Anleitungen zu Anlage, Ernte und Verarbeitung; Kulturansprüche, Pflegemaßnahmen, Verwendung.
3. Auflage, 128 Seiten, 136 Farbfotos, 2 s/w-Fotos

In unserem Verlagsprogramm finden Sie Bücher zu folgenden Sachgebieten:
Garten und Zimmerpflanzen · Natur · Haus- und Heimtiere · Angeln, Jagd, Waffen · Sport und Fitness · Pferde und Reiten · Wandern und Alpinismus · Auto und Motorrad · Essen und Trinken, Gesundheit · Basteln, Handarbeiten, Werken.

Wünschen Sie Information, so schreiben Sie bitte an:
BLV Verlagsgesellschaft mbH, Postfach 400320, 8000 München 40

BLV Verlagsgesellschaft München